「変わってしまった女」と「変わりたくない男」

男女共同参画ノート

三浦清一郎

学文社

まえがき

生涯学習とは

筆者の研究分野は生涯学習システムと社会教育です。生涯学習は人間の一生の時間軸に沿って行われる学習です。一方、社会教育は、学校を除くあらゆる社会的領域で行われる教育を意味しています。教育を論じるにあたって、生涯学習の縦の時間軸も、社会教育の領域の横の広がりも、教育の中の最も広い守備範囲と言っていいでしょう。よく言えば総合的ですが、悪く言えばごちゃ混ぜの学問領域です。時間軸に照らした生涯学習の領域は、幼児教育から高齢者教育まで、また、横に広がった社会教育の課題は、消費者教育から男女共同参画まで、生活の全分野を網羅した種々雑多の学習と教育を含みます。

筆者の研究は、人々の学習参加を支援する中身の編成、方法上の工夫、プログラムの提供システムの構築などを対象としています。

生涯学習のスローガンは「いつでも、どこでも、誰でも、なんでも」です。要するに、対象、内容、方法、時間、場所の規制を取り払って、学習やスポーツ活動の「自由」と「総合性」を目指しています。対象は全市民であり、内容は生活の全般にわたり、学問の全大系を網羅し、行政の全領域を学習の対象としています。この世のことも、あの世のことも全部含めて森羅万象にわたっているのです。生涯学習に比較対照できる概念は、その範囲の広さと抽象度の高さにおいて「文化」をおいてはないでしょう。文化が「ファッションの文化」、「食の文化」、「住まいの文化」というようにあらゆる領域にわたって細分化できるように、生涯学習も「ファッションの生涯学習」、「食の生涯学習」、「住まいの生涯学習」というようにすべての生活分野にわたって細分化が可能です。近年、「行政の文化化」が唱導され、同様に、「行政の生涯学習化」の必要が説かれるのは、変化の時代の真っただ中にあって、あらゆる分野に「適応」と「質の向上」のための学習が不可欠になっているからです。

男女共同参画研修プログラムの登場

かくして、時代が要求する現代的課題の中には必然的に男女共同参画の問題が含まれ、生涯学習のさまざまなステージで学習の機会が提供されているのです。男女雇用機会均等法、「配偶者からの暴力の防止及び被害者の保護に関する法律」（ＤＶ法）、男女共同参画社会基本法と近年矢継ぎ早に法律が制定され、公民館プログラムや地方自治体の職員研修の一環として、筆者にも声をかけていただけるようになりました。社会教育は学校教育と違って講師に対する第三者評価の厳しい領域です。生涯学習の呼び名の通り、主体は「教育者」ではなく、「学習者」です。教育行政も公民館も講師の選定には慎重です。「学習者」から「つまらない」と言われれば、講座企画者の「目利き」が落第であるということになるからです。つまらないと言われた講師には二度と「お座敷」はかかりません。芸者さんの世界と同じです。芸が貧しければ「裏を返して」はもらえないのです。

なかでも社会教育の関係者にとって「男女共同参画」の問題は特別に難しい領域です。女性の人権問題でありながら、他の人権問題の領域と異なり、行政や運動体の支援はほとんどありません。行政の予算上の取り扱いも極めて冷遇されています。

またフェミニズムの参考書はその多くが難解で、しかも事ごとに男女の見解・利害が対立します。同じ現象について、世代間の感覚も大いに異なります。男女の平等はすでに戦後憲法以来既成の知識ですが、理念と現実の間には、実際に、巨大な落差が存在します。日本人の知っていることとやっていることが大きく矛盾しており、それを不思議に思わない現実が厳然と存在しているのです。

〝面白く〟やってください

こうした状況下で、法律や政府の見解を解説しても、当該領域の研究者の理論の受け売りをしても学習者を失望させるだけなのです。それゆえ、公民館などからの注文は、なんとか日常生活に引きつけて、〝面白く〟やってください、ということになります。〝オレは落語家ではない〟などとぼやいたりしますが、相手の身になってみれば〝願い〟は切実なのです。国からの指示があるので、自治体はほぼ例外なく男女共同参画推進会議を設定し、行動計画の提言書を作成し、時には、男女共同参画宣言都市を標榜し、推進条例を定め、鳴り物入りで講演会や研修会を企画するのですが、多くが〝帳面消し〟のやりっぱなしでお仕舞いです。研修会に出かけてみると一〇人、二〇人というのが普通の集客状況です。二日がかりで出かけて〝お客〟が二〇人では、旅費も、謝金もどぶに捨てるようなものです。〝情けないやら、申し訳ないやら〟、社会教育における男女共同参画は〝鬼門〟なのです。

「男女共同参画」が大事であろうと、正しいことであろうと多くの「学習者」にとっては、毎回、実につまらない講義や講演が続いてきた背景があるのです。解説書の難解さ・つまらなさ、説教調へのいらだちなど受講者に聞いてみると講師への不満が集中しています。

教師が評価権を握っている学校教育ならいざ知らず、〝観客動員をしない〟社会教育の自由で、主体的な学習者に「建前」や「お説教」を繰り返したら、最後には誰も来なくなるのです。通常の集客状況から見て、男女共同参画の学習プログラムが〝つまらなくて〟〝退屈〟であることは自明なのです。それゆえ、市町村の枠を越えた広域の大規模予算で行う大会では、中央の斡旋業者を通して、大概、業界用語で「客寄せパンダ」と呼ばれるテレビタレントや有名人を呼んできて「人寄せ」をします。かくして心ある学習者の信頼をますます失うことになるのです。当然のことですが、客寄せパンダのサイン会をやったとしても、結果的に、役場の男女共同参画実践も市民の男女対等の意識もほとんど何も変わらないのです。

中央で店を張っている研究者は日本文化の〝中央信仰〟に救われていますが、地方の社会教育では一度落した評判を取り戻すのは容易ではありません。生涯学習の領域では社会教育主事会や学習者の口コミを通して、当該講師が「使えるか、使えないか」の評価は一挙に全地域を駆け巡ります。たまたま男女共同参画の講義にしくじったら、青少年教育においても、施設運営論に関しても、高齢者教育の分野も、すべてにおいて「使いものにならない」というレッテルが一人歩きする危険があるのです。「この前、あの人を使ってしくじってね」と言われたら挽回は難しいのです。それゆえ、「男女共同参画」は〝さわらぬ神に祟りなし〟なのです。しかしながら、各種の関係法が成立して、国家の「建前」が一人歩きを始めると、あらゆる自治体が講座や研修会を企画するようになります。従来からお世話になったご恩や義理もあって、筆者もとうとうこの分野に関わるようになりました。問題は、どうしたら人々に聞いていただけるように提案するかです。本書はそうした筆者個人の勉強ノートを整理して書き上げました。

受講者からの質問

具体的なきっかけは、受講者からの質問です。農山漁村のまちおこしでなぜ後継者にお嫁さんが来ないのか、定年後の夫はなぜ女性にとってそれほど鬱陶しいのか、なぜ非婚化が進み、『負け犬の遠吠え』（酒井順子、講談社、二〇〇三年）のような本がベストセラーになるのか、なぜ現代の家族は家庭教育にこれほど手を焼いているのか、どうしたら少子化は止まるのか、女性はなぜ陰でしかものを言わないのか、嫁と姑はなぜこんなに争うのか、生き残った女の最後はどうなるのか等々に絡んだ男女の確執への疑問でした。筆者の総括的な結論は表題のように「変わってしまった女」と「変わりたくない男」が衝突を繰り返しているということになりました。女性はすでにさまざまな生活領域で、考え方も、生き方も変えてしまったのです。これに対して、多くの男性は、考え方も、生き方も、自分が置かれた優位な状況を変えたくないのです。「変わってしまった女」と「変わりたくない男」が譲らぬままに、ともに生きようとすれば、対立は日常化し、問題は噴出し、利害の衝突はますます激化します。そうした「対立点」、「問題点」、「衝突の現場」を社会教育的に取材しようと思い立ちました。自分が面白くなければ人におもしろがって聞いていただくことはできない、ということが社会教育講義の原点です。男女共同参画に関する限り、全生活分野において男は「フェア」ではなく、女を対等と認めず、女性の意志を抑圧しています。その〝つけ〟は当然「変わりたくない男」に回りますが、それにとどまりません。お嫁さんの来ない農家は崩壊し、非婚化や少子化はますます進行して社会全体を停滞させることになると予想しています。ノートが溜まってようやく一冊の本になりました。

目次

「変わってしまった女」と「変わりたくない男」　男女共同参画ノート

Ⅰ なぜ男が支配したのか――「筋肉文化」の宿命

何万年にもわたって生産と戦争を男の筋肉に頼った以上、男の支配体制は不可避・必然であった。支配体制の価値体系は「筋肉文化」と総称することができる。

1 「筋力差」の解消

人類の歴史において、男が社会を支配したのは当然のことでした。このようなことを断言すれば、多くの女性から叱られそうですが、事実は事実です。卑弥呼のような女王がいたとしても、天皇家に何代か女性天皇が出たとしても、ある時期に女性中心に婿を迎えた「招婿婚」の事実があったとしても、生産と戦争を男の筋肉に依存した限り、ものごとは男中心に決まっていったはずです。部分的に女性が政治や祭祀の中心にいて脚光を浴びたことがあったとしても、基本は男が女を担いだということであり、男支配の大勢はまったく変わらなかったはずです。この点ではまさしく生産様式の下部構造が上部構造を決定するというマルクスの基本視点は揺るがないのです。それゆえ、古代女性史の研究のなかで、シャーマンのような役割を担った祭祀政治の象徴権力者に女性がいたとしても、男性支配・男性本位主義に変わりはなかったのです。「高群逸枝女性史虚構説*」が問題になったとき、その事実を研究してきた栗原 弘氏の表現を引用して、女性は「あるがままを伝える歴史」ではなく、「女性に生きる勇気を与える歴史」を聞きたがっているとシンポジウムの感想をまとめた上野千鶴子氏の**指摘は筆者の感想に重なります。確かにわれわれはわれわれの聞きたいことを聞きたいと思っています。しかし、女性の気持ちは気持ちとして、事が学問である以上、フェミニストがフェミニズムの歴史研究に甘い態度で接しては世間の信用を失うでしょう。栗原氏の指摘が正しく、高群氏が真にデータをねつ造したのであれば、許されることではないのです。上野氏は「目的が正しければ、学問的に間違ったことをしても許されるのか?」と疑問形にして、自問していますが、許されるはずはないのです。男性研究者が同じことをやったときのことを考えてみれば瞬時にわかることではないでしょうか。上野氏は、高群氏が言葉をもってフェミニズムを前進させようとしたのだ、という善意の解釈を込めて、歴史における「言説的実践***」という概念を提示し、「歴史は物語に近い」と言い、誰も「「言説の政治」から自由ではない」と己を慰めています。しかし、学問を生業としている以上、彼女もまた、自分の言いたいことを言うためにデータをねつ造することはあり得ないはずです。だとすれば、高群氏のねつ造問題を言辞を弄していささかでも許容することは、フェミニストはフェミニズムの論理に甘いといわれても仕方がないでしょう。

＊栗原弘「高群逸枝の女性史像」田端・上野・服部編『ジェンダーと女性』早稲田大学出版部、二〇〇四年、二三四〜二四六頁。
＊＊上野千鶴子「高群女性史をどう受け継ぐか」同右書、二五四頁。
＊＊＊上野千鶴子、同右書、二五八頁。

過去の男性支配の歴史には「女性が聞きたくない歴史」ばかりが氾濫しているはずです。過去を掘り返して、「男性本位主義」や女性が被った無数の不利益に目くじらを立てて、悔しがっても、これからの男女共同参画の推進にはあまり役立たないのです。文明の進化による労働の機械化・自動化が実現しなかったならば、男の支配は昔も今も不可避・必然だったからです。

男が支配した過去にあまり囚われるなといえば、アンフェアな人生に耐えなければならなかった女性史をどうしてくれるのかと、女性の皆様からお叱りを受けるかもしれません。しかし、生物学上の筋力差が存在した以上、過去のことは過去のこととして諦めなければならないのです。どう考えても、労働環境における男女の「筋力差」が解消されるまで、人類史における「男の支配」は必然だったのです。「男女共同参画社会」の最大の推進力は、労働や戦争における男女の「筋肉」機能の差が極小になったことです。

筋肉差を解消したのは、文明の進化による機械化と自動化です。それは男女の筋肉差の「社会的意味の消滅」を意味します。生物学的性差である男女の「筋力」の違いは変わらなくても、文明の進化は実際的な社会生活上の意味をほとんど消滅させました。この事実を抜きにして男女平等の具体化と性差別の根本的点検はあり得なかったのです。機械化や自動化が労働や戦争における「筋力差」を事実上解消するまで、宗教も、哲学も、社会主義革命のイデオロギーも、近代主義も、経済主義もどれ一つとして本気で男女共同参画を実現しようとは「発想」しなかったのです。「筋力差」の事実上の解消という文明上の進化が発生しなかったとすれば、女性の自立や社会参画についての既存の思想や運動も生まれていなかったといっても過言ではないでしょう。

2 「筋肉文化」は「力ずく」の文化

男女共同参画（Gender Equality）の意識と運動は、生産と戦争の機械化・自動化の結果、男女の筋肉差が極小になったところから始まった。

文明の力を借りれば、今や、男にできて女にできない労働はありません。女性が男女の不公平な処遇に異義を唱えるのは当然であり、男性優位の文化が変わるのも当然です。まさしく文明進化の事実が男女不平等の思想を変えました。労働や戦争における男女の筋力差（能力差）の事実上の解消が、男女関係の文化や社会のあらゆる「人間関係」を変えているのです。

人類史の気の遠くなるような長い時間、労働と戦争を支配したのは男の「筋肉」です。その時代の価値の体系が「筋肉文化」です。味もそっけもありませんが、「筋肉文化」とは筆者の命名です。人類の歴史において、長い年月、人々の生存には、避けて通ることのできない二つの重要条件がありました。社会は未成熟で、「弱肉強食」の時代、「適者生存」の時代でした。

第一は、食料の確保です。人々は、日々の糧を得て、自分も、家族も生き残らなければなりませんでした。

第二は、自分と家族を外部の敵から守るための戦いです。野蛮の時代も未開の時代も、安全を脅かす敵はあらゆるところに存在しました。社会システムが整備され、人々が安全に暮らせる法と秩序が確立するまで長い時間がかかりました。自分にとっても家族にとっても、「安全」とは「戦い」の別名だったのです。もとより、女性が働いていてこなかったなどというつもりは毛頭ありません。反対に、間違いなく、「長い歴史の中で女は常に働いて来たのです*」。しかし、その働きは、労役と兵役を第一任務とする筋肉文化の中では、常に第二義的にしか評価されなかったと言っているのです。筋肉文化は「力ずく」の文化です。極言すれば、男が女を「力ずく」で陵辱できる文化です。世界各地の紛争の中で、女・子どもに起こっていることも、DVやセクハラの根底を流れている感性も根源は同じでしょう。文化の評価基準が「力ずく」だとすれば、女性の働きは常に第二義的であったということなのです。

＊吉武輝子『おんなたちの運動史』ミネルヴァ書房、二〇〇六年、二二六頁。

部族社会が組織され、一定の秩序が成立した後は、「安全」の代償は「労働－労役」と「戦争－兵役」の義務となりました。文明が未発達の時代、労働も戦争も当然人間の肉体が基本です。道具も武器も原始的だったからです。「肉体が基本」とは「筋肉が基本」であったということです。道具や武器が機械化・自動化されるまで、労働も戦争も主として「筋肉」の働きによらざるを得なかったということです。それゆえ、女性は平均的に筋肉の働きに勝る男に頼らざるを得なかったのです。換言すれば、筋肉の働きが労働と戦争を支配し、時代を支配したのです。当然、生活のあらゆる分野で、圧倒的に男が優位を保った時代でした。それが「筋肉文化」であり、「男支配の文化」です。それゆえ、「筋肉文化」は狩猟と採集と耕作に発しました。社会の進化とともに、力を価値とする「力ずく」の文化を起点として、軍事と農林漁業が組織化され、順次、商業、工業、サービス業等々にまで拡散して、社会の文化となっていったのです。

3 「出産能力」より「筋力差」

もちろん、男が出産—授乳のプロセスを辿らないということも、労働と戦争において男が主役であり続けた理由の一つであったことでしょう。男女の差は、生物学的に、子どもを「産めるか」「産めないか」の違いによって決定されます。当然、女性の持つ出産の能力が尊ばれ、社会的に重視された事例はたくさんあります。しかし、押し並べて、男女の優劣、及び男女の支配—服従の関係を決定したのは、労働と戦争の主役を担った筋力の「平均値」です。一方に、「腕一本で切り拓く」とか「腕一本で守り通す」というような表現があり、他方に、「女の細腕」のような表現があるのも象徴的です。所によっては、いまだに残っている「出不足金」の慣習も、肉体的作業において、「女の働き」が「男の働き」に及ばないという社会的同意が生み出した「しきたり」です。「出不足金」は「罰金」です。同じ共益労働に従事しても、働きが少ない、と判断された女性は、男に比べて貢献が「不足」

であるという理由で罰金を課されたのです。「出不足金」の一例をもってしても、男女の社会的地位における優劣の関係を決定したのは「筋力」すなわち筋肉機能の違いであったことは疑う余地がありません。人間の生存と安全に関わる貢献度の差が、そのまま支配—非支配の関係に発展したことは周知の事実です。

もちろん、「筋力」は個人の能力であり、「出産能力」と違って、決して男女差の決定要因ではありません。「出産能力」は、男にはない、という点で基本的に生物学上の例外はありません。「筋力」の方は、男より強い女を見つけることは幾

出不足金

共同体における共益労働の際に女性が働き手として出席した場合，罰金を科す共同体の慣習（私的制度）です。理由は，男性に比べて女性の筋肉労働の働きが少ないということです。地域によっては，共益労働以外の共同体の会合に女性が出席した場合でも罰金を科すところがありました。この場合の理由は，“女の意見は男の意見に比べて決定力が劣っている”とでもいうのでしょう！　地方市町村の男女共同参画推進の提言書の中に「出不足金」の廃止が謳われたということは，現実に女性を縛る慣習としてつい近年まで機能していたということです。現在は，労働の機械化や男女共同参画思想の普及によってだいたい消滅しましたが，他方で，地域消防団や少年スポーツの役員会，あるいは自治会役員会などで欠席者に課される共同組織の罰金制度として生き残っているところがあります。

らでも可能です。それゆえ、「筋力差」はあくまでも「平均値」の問題です。筋力の平均値の優位が、男の社会的優位を決定したのです。したがって、男女不平等の社会的関係の発生要因は「筋力の差」であって、生物学上の男女差を決定した「出産能力の差」ではないということになります。何千年にわたって続いてきた「筋肉の支配」の時代を「筋肉文化」と呼ぶことは誤りではないと考えます。

4　男の既得権益

男は男女の筋肉の働きにおける生物学的性差によって、有史以来、武力闘争と肉体労働において女性に対する優位を保ってきました。「筋肉文化」は例外なく「筋肉」の優位を保った男の支配システムを支える文化であったことは当然です。

生活の中の男女のあり方を律してきた「男らしさ」や「女らしさ」に代表される「文化的性差」も「筋肉文化」が発明した基準です。男女のあるべき言動の規範は「筋肉文化」が決定してきたのです。優位に立ったのは男性です。社会を支配したのも男性です。換言すれば、女性の社会的あり方は主として男性が決定し、女性がその定義に甘んじました。したがって、「男女共同参画」理念が登場する以前の「男らしさ」も「女らしさ」も、あらゆる価値の体系は「男性優位の支配システム」、すなわち「筋肉文化」が定義したものであることはいうまでもないのです。

それゆえ、男女共同参画の理念は、男女の対等な関係を巡ってあらゆる点で「筋肉文化」と敵対することになるのです。疑いなく隅から隅まで筋肉文化は女性に対する差別文化です。それゆえ、伊藤公雄氏の解説のように、男女共同参画の問題を男女の「損得」で論じ始めることはまったくの的はずれです。人種問題や同和問題であれば、「差別をする側」と「差別を受けている側」の「損得」から論じ始めるというようなアプローチをすることはまずあり得ないでしょう。既存の社会的性差別の加害者である男もまた損をしているところがあるのだ、という前提がそもそも意味をなさないのです。貴族が貴族社会で負っていた道徳上の義務（ノブレス・オブリージュ）のゆえに、貴族もまた「損」をしていたのだ、などと論じるのと同じ論法です。

性差別の被害者はすべて女性です。「損」をしてきたのもすべて女性です。男性支配による抑圧の対象は女性に決まっているからです。それゆえ、男女共同参画の問題を「損得」から解きほぐそうというのは、現象の面白さが下世話に受けても、男女平等論の本筋をはずしています。

伊藤氏の調査の対象となった大学生は、男は「強さを要求される」「業績、出世を要求される」「弱音を吐けない」「経済力を要求される」「泣くと弱虫と言われる」「体力的にきついことをやらされる」「デートで金を払わされる」「大学で理科系を強制される」……などと「男の損」を並べ立てます。*しかしながら、これらはすべて、個別の弱虫男の愚痴であって、男性優位の証拠にはなっても、「女性の損」と比較対照できるような本質ではありません。本質は「強い男」が支配し、「出世した男」が優位に立ち、「経済力があって、金を払った男」が女にもてるということの裏返しに過ぎません。反面、相手が弱虫男であっても、女性は男社会の仕組みに服従せざるを得なかったということです。

*伊藤公雄・樹村みのり・國信潤子『女性学・男性学』有斐閣、二〇〇二年、六～七頁。

今や女性は筋肉文化が創り出した男の既得権を認めません。男女共同参画の理念は従来の男性優位の「筋肉文化」に対して、女性の対等、女性の意見、女性の立場を主張せずにはいないからです。男女の共同、男女の対等を実現しようとすれば、既存の権利や現状の優位を譲歩したり、放棄したりしなければならないのは主として男性になります。それゆえ、自覚的であれ、無自覚的であれ、男は「居心地の良い」現状を手放したくはないのです。男に限らず、居心地の良い状況を変えなくてすむのであれば変えたくないと思うのは人間の欲求の自然です。男性優位の文化は男にとっての「既得権益」であり、できればその権益を失いたくないのです。当然、男は男女共同参画運動に対する「抵抗勢力」になります。男は、女性に対する優位を保ってきた分だけ、失う物が多いのです。社会生活においても、家庭生活においても「変わりたくない男」の男女共同参画理念への冷たい無関心・抵抗の根本原因がここにあります。

時代とともに変わる「家族」――「夫」による「妻」の支配

1　家族を変えた「男性支配による私有財産」の登場

婚姻と家族の変遷を女性の解放の問題に結びつけて論じた功績者はエンゲルス*です。

彼は，生産手段や生産力の発達に応じて，社会の発展を野蛮→未開→文明と分類し，その中で婚姻や家族のあり方が変わっていくことを説明しました。なかでも最大の変化は，土地や生産手段を肉体的力に勝る男性が私的に「所有」するようになったことです。「男性支配による私有財産」が生まれたのです。すでに労働と戦争における男性の女性に対する「優位」は決定的であり，財産は父から息子へ相続されるようになります。それが「父系相続制」です。エンゲルスは「母権の転覆は，女性の世界史的な敗北であった。男性は家の中でも主導権をにぎり，女性を支配し，時には，隷属させ，女性は男性の情欲の奴隷，子どもを生む単なる道具となった」と書いています。

＊フリードリッヒ・エンゲルス『家族・私有財産・国家の起源』（戸原四郎訳）岩波文庫，1965年。

2　「父系相続制」が男性支配の象徴

結婚の形態は，「集団（婚）家族」→「対偶（婚）家族」→「単婚（一夫一婦制）家族」と変わってきたといわれます。真ん中の「対偶婚」とは，特定の男女が結びついた家族を意味しますが，夫婦関係が永続的でない中間的なものをいいます。

ところが「父系相続制」の確立は，「相続者」の男子を特定しなければなりません。したがって，私有財産の登場，父系相続制への移行によって，「単婚」の「一夫一婦制」が始ったと断定して間違いないでしょう。「一夫一婦制」といっても，夫には権力者たる主人として妻以外の女性奴隷を自由にできるわけですから，実質は「妻だけの一夫一婦制」であったということです。当然，ここから「夫による妻の支配」が始まったということです。

2　「生物学的性差」と「文化的性差」

あらゆる性別役割分業は「筋肉文化」が創り出したものであり、「男の勝手」と「男の都合」が歴史を貫徹している。それが現状の「らしさ」であり、ジェンダー・バイアスである。

1　ジェンダー概念の登場

男と女は違うのです。違いは二種類あります。

第一は、生物学的性差（Sexual Difference）です。進化の過程の一定レベル以上の生物は、人間を含めほぼ雌雄に分かれます。「ほぼ」ということは「例外」もあるということです。しかし、例外を考慮したとしても、生物学的性差の大勢は変わりません。

第二は、社会が創り出した男女のあり方の違いです。通常、文化的性差「ジェンダー（Gender

Difference)」と呼ばれます。Sexual Differenceは「性」の違いであり、「産む性」か否かの違いであり、男女の筋肉の働きの違いに代表されます。

Gender Differenceは歴史的過程の中で生物学的性差が社会生活上の「役割と身分」の違いに発展したものをいいます。それゆえ、「男女共同参画」の問題を論じるときの男女の差は、通常、後者を意味しています。日本語には両者の区別の自覚がなかったので、今でも日常的には英語を用いて前者は「セックス」と呼ばれ、後者は「ジェンダー」と呼ばれます。安直に言うと、「女はだまっていろ」、「女のくせに」、「女だてらに」なになにするな、というのがジェンダーです。多くは女性を抑圧するマイナスのメッセージに付けられる「まくらことば」です。一方、「男なんだから泣くんじゃない」、「男なんだから我慢しなさい」というのもジェンダーです。現在の自分を鍛えてくれた考え方も多いので、当事者としては、ジェンダーのすべてがマイナスであるとは考えていません。

ジェンダーは男女のあり方についての社会の取決めですから、取決めをつくった人々に有利にできています。男社会がつくった取決めは、男に有利で、女にとって不利なものが多いのはそのためです。取決めは約束ですから、時代が変わって不合理な約束は当然変えてもいいわけです。女性の側からジェンダー・フリーが言われるのはそのためです。ジェンダー・フリーは社会的性差の取決めが創り出す偏り（バイアス）や決めつけからの自由を意味します。それゆえ、正確には、偏見や決めつけから自由であることがポイントですから、「ジェンダー・フリー」は、「ジェンダー・バイアス・フリー」と言い換えるべきでしょう。女性にとって抑圧的で、不利益をもたらす「取決め」を変えてもらいたいというのが、本来の趣旨です。

ジェンダー概念が導入されたお蔭で男女ともに、いろいろものの見方が変わりました。男女の現状についても、もちろん、歴史の見方も変わりました。語られてきた歴史がなぜそのように語られたかについても大いに理解が進みました。ジェンダー概念は、世界の見方を変え、歴史の見方を変え、社会の人間関係を再検討する視点を与えたのです。*

*ジェンダーは、もともとは文法上の性別を表す言語学の用語だったそうです。のちに「性別の違いによる生物学的決定論を拒否する概念」として定着し、「肉体的差異に意味を付与する知」と定義したのはスコットでした。ジョーン・W・スコット『ジェンダーと歴史学』（荻野美穂訳）平凡社、一九九二年（江原由美子・金井淑子編『フェミニズムの名著50』平凡社、二〇〇二年、三六八頁。）

ジェンダー概念の導入は、男女の対立：抑圧―被抑圧の直接的関係を「男性支配の文化」や「男性中心の制度」の視点を介して理解することを可能にしました。筆者が男女共同参画に関心を持ち、理解できるようになったのも、社会的に設定された性役割があるというジェンダーの視点でした。ジェンダー概念の重要性をあらためて思い知らされます。それゆえ、ジェンダー概念は「変わりたくない男」にとって最大の敵になり、「社会の現状を変えたい」男女にとって最大の武器になります。

しきたりも伝統も、長い歴史の審査を受け、濾過された「価値」なのだ、というのが現状肯定の論理です。しかし、この論理は、ジェンダー概念によって一撃で粉砕されます。しきたりも伝統も「男の都合」・「男の勝手」が生み出したものであり、筋肉文化のジェンダー・バイアスがかかっていることは明らかだからです。

2　抵抗勢力の抵抗

変わりたくない保守的な男たちが、ひどいときは、ジェンダー・フリーをフリー・セックスに置き換えたり、「性別に関わりなく」という文言を「男女の違いを無視するもの」という論理にすり替えたのも、性別による「偏見や決めつけからの自由」という真実に直面したくなかったからでしょう。「変わりたくない男」は、いまだに、男女共同参画の真意を無視しています。ジェンダー・フリーの言葉尻を捉えて曲解し、風紀が乱れるなどと稚拙な抵抗を試みています。これらの現象は、「変わりたくない男」が「女らしさ」を下にみて、自分の「男らしさ」の価値を強調しているに過ぎません。筋肉文化の下で、男女両性の社会的あり方は、常に、男の都合で、男に有利に決められてきました。それゆえ「らしさ」の定義も基本的に不公平で、相対的に女を見下すように決められてきました。それゆえ、現在の「女らしさ」が消えてしまえば、「男らしさ」も自己主張の意味がなくなるのです。「変わりたくない男」が恐れているのは、自らの有利を保証してくれる「女らしさ」の消滅なのでしょう。

文化的性差は生物学的性差から発生し、雌雄の違いに深く関わっていることはいうまでもありません。「セックス」と「ジェンダー」は「異なったもの」ですが、「ジェンダー」は「性別」による「出産能力」の違いや筋肉差を基礎として歴史的につくられてきたものです。男だから「男らしさ」を身につけなければならず、女だから「女らしさ」に適応を要求されるのです。生物学的性差は文化的性差のあり方にとって決定的に重要です。なかでも「筋肉文化」は、生産や軍事の過程で、男性のあり方も、女性のあり方も決定しました。「あり方」の中には、立居振舞、礼儀作法、言葉遣い、考え方、感じ方に至るまで、TPOに即した両性の言動の掟を含んでいます。筆者は、性別による「筋肉の働きの違い」が、「出産能力の違い」に勝るとも劣らぬ意味で、文化的性差に大きな影響を及ぼしたと考えています。それゆえ、男社会の価値体系は筋肉文化と呼ぶべきなのです。「筋肉」を尊ぶ価値観は社会に定着し、筋肉の働きに秀でた男性が社会の主導権を握ったのは歴史の必然であったといっていいでしょう。英雄は例外なく武力の英雄でありました。武力の英雄は徐々にさまざまな分野の男の偉人たちに分化していきました。人類史に綴られたものの大半は「筋肉文化」が生み出したものだったのです。

教科書に登場する人物に男が断然多いのは男文化の偏見であるという主旨の指摘がありますが、筋肉文化の英雄は基本的に男に決まっています。筋肉文化は男が支配した社会ですから、その主役が男であることも当然のことで驚くにあたりません。また、男の小説家の書いた女性像や発言や仕草が男に都合のいい、偏見や思い込みに満ちているという指摘もあります。男が筋肉文化の視点から見ている以上、これも当然のことでしょう。

女性にとって不幸なことは、筋肉文化においては、女性が女性の視点で人生を見ることすらも許されず、仮にそういう機会が女性に巡ってきたとしても、執筆や出版の機会はほとんどなかったということです。歴史上は、点のように例外的な女性もいますが、あくまでも筋肉文化が許容した例外であって、決して「ふつう」ではないのです。あらゆる時代の「Who's Who」も、「人名録・紳士録」も、あくまでも紳士のためだったことは言うまでもありません。

しかし、二〇世紀に入って、文明の進歩は男女による筋肉の働きの違いを極小にしました。生産手段、運搬手段、その他各種の作業手段の機械化や生産工程の自動化がその原動力であったことは言うまでもありません。男女の社会的関係を決定づけてきた「労働」と「戦争」における筋力や持久力の違いは、二一世紀においては、機械システムや自動化工程の前で、ほとんど問題にならなくなりつつあります。「論理性」や「感性」や「指導性」等は「文化的訓練」や「体験」の結果であり、生物学的性差でないことはこれまでの研究と近年の女性の活躍の歴史が十分に証明しました。社会的に残っているのは、事実上、「産む性」の差違だけになりました。

3　外来の男女共同参画思想

日本文化が永続的で安定しているのは、基本的に関係者の利害が調整され、文化の掲げる価値が人々を沈黙させ、人々が諦めるか、あるいは自足していたからです。それゆえ、文化を変える圧力は外から来ることが多いのです。「男女共同参画」の思想は、外から来た日本女性解放の「黒船」であったといっていいでしょう。

日本にも確かに「女性解放」運動は存在しました。しかし、一九六〇年代以降のアメリカのウーマンズ・リブ運動が巨大な力を持つまでは、政治の主たる課題にも、文化の主たる話題にもなりませんでした。それゆえ、解説に使われる用語は今でさえほとんどアメリカ製です。

フェミニズムという用語から始まって「男女共同参画」に関わる主要な用語がほとんど皆カタカナ（外来語）であることは、日本の女性解放運動にとって象徴的です。農耕文化の土着の思想に男女平等はほとんど存在しなかったのです。外来語の定着した訳語がつくれないのも、それらが日本の文化に内在する考え方ではなかったからでしょう。男女共同参画に関する研修会に行くと外来語が飛び交って辟易します。アファーマティブ・アクションも、ポジティブ・アクションも、ジェンダー・フリーも、ジェンダー・バイアスも、ジェンダー・ステレオタイプも、ファシリテーターも、エンパワーメントも、セクシャル・ハラスメントも、ドメスティック・バイオレンスもその一例です。男女共同参画の活動家は麻痺していて、外来語に抵抗感はないようですが、これでは一般人にはわからず、一般人に嫌われることでしょう。まして「変わりたくない男」に外来語をちりばめた論理はまったく通じません。地方の女性活動家が外国かぶれとバカにされ、世間から〝浮いてしまう〟のはそのためです。

しかし、もちろん、問題の本質は、外国の影響が大きかったとか、「横文字」の用語が多いということではありません。日本の女性もまた、女性解放の「黒船」以降、自立の意志を持ったということです。従順で控えめであった日本女性もついに、外来の理念を借りてでも男女共同参画の改革を断行しなければならない状況に達したということです。しかし、社会の仕組みも、文化の価値観もおいそれとは変わりませんでした。「変わってしまった女」と「変わりたくない男」が二極分化し、正面衝突する条件が整ったということです。

3 「男文化の偏見（ジェンダー・バイアス）」
――あらゆる分野に時代を支配した文化の偏見が反映される

文化の変革には「タイムラグ」が生じる。筋肉文化も同様で、男女共同参画の理念に照らして、言葉や道徳や法の修正が遅れている。

1 時代を支配した文化の偏見――正義にも道徳にも男女の違いがある

時代を支配した文化はさまざまな偏見を生み出しました。男女の違いに基づく偏見は英語でジェンダー・バイアス（文化的性差による偏見）と呼ばれます。「男らしさ」も、「女らしさ」も多くのバイアス（偏見・偏り）を含んでいることはいうまでもありません。言葉の使い方から、ファッションや遊びの種類まで男女の性別によって決まっていることも多いのです。こちらはジェンダー・ステレオタイプと呼ばれます。筆者自身も赤やピンクのシャツを着ることに大きな抵抗があった時代をよく覚えています。たかがシャツ一つ着るに際しても、文化の制約から自由に振る舞うのは容易ではないのです。

ジェンダーは社会的につくり出された文化的性差だということは上述の通りです。時代は長く筋肉に支配されたわけですから、時代を支配した文化とは、筋肉の優位を称揚した文化と呼んでいいでしょう。筋肉支配が長く続いた分、筋肉文化の影響は、断然、強固です。あらゆるものの見方・感じ方に時代を支配した「男文化」の偏りや偏見が生じるのは当然なのです。それゆえ、「男文化」の感性や思想を「人間一般の見方・感じ方」と同一視することになります。結果的に、女性の見方や感じ方は忘れられ、無視されることになります。この場合、外国の研究者は、男性の都合に偏った視点は、女性に不利益をもたらすジェンダー・バイアスがかかっていると表現したのです。この場合のジェンダーは「男らしさ」を表します。バイアスは「偏り」です。したがって、ジェンダー・バイアスとは、男が「男の視点」から見た「偏り」が反映せざるを得ないということです。文化の大勢は常に文化の支配階級が決めます。もちろん、社会を支配する人々にも主流と反主流のような対立がありますから、主流の文化に対する反主流の文化も生まれます。それが「拮抗文化（カウンター・カルチャー）」です。しかし、反主流の文化の存在を考慮したとしても、つい近年まで女性が社会の支配に参画したことはほとんど皆無でした。「拮抗文化」ですら女性が生み出したものではないのです。それゆえ、時代を形成した主流、反主流の流れにかかわらず、あらゆる分野のジェンダー・バイアスは「男文化」の「偏り」を免れていないといって間違いないでしょう。主流も反主流も、保守も革新も女を差別してきたということです。

例えば、道徳的に正しいことは人間にとっての正義であるはずでした。ところが男が支配する社会の道徳は男の道徳であって、その道徳から発する正義を人間の正義と同一視していたのではないかと考えたアメリカの女性心理学者がいます。それがキャロル・ギリガンです。[*] 彼女は、男の支配に甘んじざるを得なかった女性には、女性に与えられた役割の中から、男とは異なった正義の基準を生み出したのだ、と主張したのです。彼女は、それを「もう一つの声」と呼びました。「道徳とは何か」、「正義とは何か」を決定するに際して、女性はその決定過程に参加していないというのです。

＊キャロル・ギリガン『もう一つの声――男女の道徳観の違いと女性のアイデンティティ』（生田久美子・並木美智子訳）川島書店、一九八六年。

時代は常に男支配の文化でしたから、男は自分の主人公で自分のことを自分で決めることができました。男の言動は「自律」的であり得たのです。それゆえ、男の正義は、男自身が「正しい」と信じることを「正義」とする自律的な人間の言動基準です。これに対して、男支配の下で女性は、必ずしも自律的に生きることを許されませんでした。男に命じられた女性の役割は主として世話や介護になりました。男とは、役割の決め方も、決められた役割も異なっていたのです。

ギリガンは、男にとっての道徳的基準が「正義の倫理（Ethic of Justice）」であるとすれば、女にとっては「世話の倫理（Ethic of Care）」であると指摘したのです。「正義の倫理」は文字通りなにが正しいか、何をすべきかを決めることです。これに対して「世話の倫理」は世話を必要としている人にとってどうしたら一番いいのか、そのために何をすべきかを考えるというのです。正しいだけでは人を救うことはできず、世話を必要としている人の役には立てないのです。男女はそれぞれが置かれた立場によって、男性が見る見方と女性が見る見方は異なっているということです。

2 言葉は男が支配する――女性に対する言葉の不公平

「男文化の偏見（ジェンダー・バイアス）」は当然言葉にも及びます。日常の言語の中にたくさんの女性蔑視や性別役割分業を固定する表現があるのはそのためです。結論は、「言葉は男が作り、男の目的に合わせて使ってきた」ということです。このことを指摘したのはデール・スペンダーです。*

*デール・スペンダー『ことばは男が支配する　言語と性差』（れいのるず＝秋葉かつえ訳）勁草書房、一九八七年。

言葉は私たちの経験を表したものです。私たちはヘレン・ケラーとアン・サリバン先生の物語を知っています。聞こえない、見えない、話せないという三重苦の中でヘレン・ケラーは「言葉とは何か」がわからなかったのです。サリバン先生は庭のポンプで水をくみ上げ、ヘレンの片方の手を水に曝し、もう片方の手のひらに指文字で水＝w-a-t-e-r と書いたのです。ヘレンの理解は衝撃的でした。経験と言葉が結びついたのです。直ちにヘレンは大地を叩いて〝これは何か〟とサリバン先生に尋ねたのです。ものには名前があり、経験には意味があり、人間は言葉によってそれらを共有するのです。だから話が通じるのです。言葉を共有するということは経験を共有することです。「共有」とは世の中が認めるということです。その世の中を代表したのが「男だった」というのです。世の中を支配したのが男の筋肉だったからです。結果的に多くの言葉が男の視点、男の感性に依存して決められることになります。当然、男に都合のよい性別役割分業や女性差別を含んでいます。それゆえ、男女の同権を実現するためには、言葉を変えることと制度を変えることが同時に必要になるのです。スペンダーは「言葉を変えれば社会が変わり、差別を弱めることができ」、「社会の仕組みを変えれば、言葉も、その言葉の意味も変わる」と指摘しています。それを「言葉と社会の弁証法的関係」と呼んでいます。

言葉は家庭を通して、学校を通して、メディアを通して偏見や固定観念を教えます。「女はより女らしく、男はより男っぽく語られている」*。教え方は時にオープンで、時に「隠れたカリキュラム」として知らず知らずのうちに性別による差別を教えていくのです。私たちの周りにもたくさんの具体例があります。例えば、「女の子は短大で十分」がその一つです。

＊諸橋泰樹さんの著書には具体例が山ほど紹介されています。社会のあらゆる分野でメディアに現れる仕草や言葉が私たちの言動を支配していることがよくわかります。諸橋泰樹『ジェンダーの語られ方、メディアのつくられ方』現代書館、二〇〇二年、四一頁。

「女の子は短大で十分」

父親の口癖「女の子は短大で十分」は、娘の進学意欲も、専攻領域も制約していきます。「どうせお嫁に行くのだから」「家政学部がいいだろう」「先生の免許を取っておきなさい」もおなじです。

「男の子が先」の学校の出席簿

つい最近まで、出席簿も、並ぶ順も男の子が先でした。男が先で、女が後の感性は、知らず知らずのうちにしみ込んでいくのです。男女混合の名簿が採用されたのはそうした反省の結果です。

「主婦」

結婚していたら女性は全員が「主婦」でしょうか？　たくさんの女性が職業についているにもかかわらず、「妻」を「主婦」と呼び替えることによって、すでに女性の家庭における役割を固定している表現です。

「だから女性はだめなんだ」

失敗した女性部下を叱るときに、「だから女性はだめなんだ」と言う人がいます。一人の女性の失敗で女性全部を判断しています。反対に、男性部下の失敗に、「だから男はだめなんだ」とはまず言わないでしょう。同じように、「女のくせにだまっていろ」は女性の発言を封じています。「男のくせにだまっていろ」とはまず言わないでしょう。スペンダーは言葉は「女を沈黙させる」と言っています。

父兄は「保護者」に、兄弟は「兄弟姉妹」に言い換えてください

「母親は子育てを」とか「時には父親も参加して」と言うのは変じゃないでしょうか？　家庭教育情報の見出しは「ママとぼく」だけでいいのでしょうか？　英語ですけどチェアマンやフレッシュマ

ンだけでいいのでしょうか?
ようやく「看護婦」は「看護師」になり、「保母」は「保育士」になりました。言葉の上で時には「女性」を、時には「男性」を排除する言葉がたくさんあるのです。

なんで「未亡人」だけなんですか?

母子家庭には父子家庭の対語があります。母性にも父性の対語があります。しかし、未亡人は特別に女性だけの言葉です。あえて対語を探せば「男やもめ」でしょうが、「女やもめ」「やもめ」もあるので、男やもめを未亡人の対語とは言わないでしょう。男性に対する対の表現がない場合、配偶者に死別した女性だけを特別視する理由はなんでしょうか? 語源由来辞典には未亡人とは「いまだ死なない人」とあり、漢字の練習テキスト*には、春秋左氏伝の逸話を引いて、「夫の死に対して、まだ生き恥をさらしていると自ら謙遜する言葉」と解説がありました。ジェンダー・バイアスの典型と言って過言ではないでしょう。

*出口宗和『読めそうで読めない間違いやすい漢字』二見書房、二〇〇八年、一二八頁。

ジェンダーを固定した用語を列挙すればキリがありませんが、若桑みどり氏は「考え方」も、「感じ方」も、氾濫するジェンダー用語と同じように過去のメディアのそこここに隠されていることをアニメの中から見事に取り出してみせました。若桑みどり氏の指導を受けた女子大生もまた、物語の中のジェンダー・バイアスの思想を見事に見抜きます。白雪姫やシンデレラの物語の中から「すべては外見の美しさ」であるとか、「王子様と結婚することだけが幸福ではない」というようにジェンダー・バイアスの数々を批判的に摘出しているのです。子どものころからこうした物語に接していれば、動物の「刷り込み」に似て「女とはこのように生きるものだ」と納得してしまうでしょう。* あらゆる言葉は筋肉文化の中に位置づけられているのです。スペンダーの指摘の通り、言葉は男が支配するということになるのです。

＊「男らしさ」と「女らしさ」の呪縛については、若桑みどり氏に具体的でわかりやすい分析があります。若桑みどり『お姫様とジェンダー』ちくま新書、二〇〇三年、一一四～一一五頁。

3 文化はそう簡単ではないのです

インタビュー番組などが「奥さん！」などと女性に呼びかけることも、暗に「奥さん」と「主人」の主従の関係を前提にしているのです。もちろん、同じ理由から、自分の夫を「主人」とは呼ばない、「夫」と呼びます、という多くの女性がいます。筆者がシンポジウムの司会で登壇者の女性に「お宅のご主人」はと問いかけたときに、大いに抗議を受けたこともあります。しかし、友人の「夫」や「妻」を礼儀正しく呼ぶためには、「奥様」や「ご主人」に代わるどんな言い方があるでしょうか？会話の中では、だれも「あなたの配偶者さま」とは言わないでしょう。「あなたの妻さま」とも言わないでしょう。一度「あなたの夫さん」と言う人に出会ったことがありますが、変な日本語ですから周りが眉をひそめたことは当然です。日本語文化はいまだそうした表現を認めてはいないからです。

新しい男女共同参画の思想と表現文化の間にいまだ多くのギャップがあるのです。文化の要請にしたがって丁重さを表そうとすれば、「お宅の奥様」や「あなたのご主人」になるのはふつうなのです。もちろん、当方も「符牒」として使ったわけで、ご主人とお呼びしたからといって、彼女と彼女の夫との主従関係を前提としたわけではありません。それともいささか不自然ながら、「あなたのお連合い」とでも呼ぶ習慣をつくっていくのでしょうか？

「女言葉」と「男言葉」の問題も同じでしょう。生別の違いを問題にするな、と言われても、男は「そうしますわ」とは言わず、女性も「そうするよ」とは言わないのです。性別から独立した「両性言葉」や「自分言葉」というものは、多くの分野でまだ発明されていないのです。

4　筋肉文化への国家の介入

道具の機械化と自動化によってようやく世界は筋肉機能の制約から解放され始めました。当然、女性解放運動は、道具の自動化と平行して盛り上がってきました。筋肉文化が終焉を迎え始めたのです。しかし、どの国においても、個人においても、慣習化し、習慣化した文化や言動は頑固で、したたかです。憲法の男女平等の規定も実際には、戦後長い間、空文に近いものだったでしょう。

道具の機械化や自動化の補助によって、「男のやれること」はすべて「女でもできること」が証明されたあとでも、男主導は変わらず、男優先も変わらず、男支配もなかなか変わりませんでした。憲法規定を補強する分野別の具体的規制法が必要になったのです。女性の意志が強く働き、共感する男性の支援もあって筋肉文化を根底から覆す法律が、筋肉文化の慣習や感性に介入することになるのです。男女共同参画を推進する法律の制定は筋肉文化への国家権力の介入でした。地方の男女共同参画推進条例の制定の場合は、自治体権力の介入と呼んでいいでしょう。法律の制定は国家権力の発動ですから、進藤久美子氏はこうした動きを「国家フェミニズム」と名づけました。* 女性の対等な社会参画を法律が支援するようになったのです。まず「男女雇用機会均等法」が成立し、次いでセクシャル・ハラスメントを防止するため、同法律が改正されました。

*進藤久美子『ジェンダーで読む日本政治』有斐閣、二〇〇四年、四頁。

平成九年、職場におけるセクシャル・ハラスメント防止のための事業主（企業）の配慮義務が規定されたのです。さらに、包括的な「男女共同参画社会基本法」（平成一一年）が成立し、さすがの男社会も見るに見かねたほどの状況をうけて「ＤＶ防止法」（平成一三年）が制定されました。正式名称は、「配偶者からの暴力の防止及び被害者の保護に関する法律」です。

これまで「私事」であり、「民事」であり、警察など国家権力が立ち入ろうとしなかった領域を法律で規制することになったのです。筋肉文化における「私事」のいくつかは、すでに「私事」ではなく、「民事」もまた「民事」ではなくなったのです。筆者は筋肉の優劣が社会のあり方、人間関係のあり方を決めた時代の仕組みや発想を筋肉文化と呼んできましたので、その限りでは国家が文化に介入したと言い換えてもいいでしょう。文化が価値の体系である以上、当然、政治性をもち、中立ではあり得なかったということです。新しい文化が『女性を抑圧する価値や感性』を否定する以上、政治もまた「女性を抑圧する価値や感性」に介入せざるを得なかったということです。決断の背景には、文化が自己変革を遂げるのを待つ間に多数の女性が犠牲になり、社会の進化が停滞するという判断があったに相違ありません。文化でも、宗教でも、こと人間の基本的人権の侵害に関する限り、緊急な政治的解決を必要としないものはないということです。

かくして、女性の安全と自由と対等を保障するため、男性の私的価値観に基づく言動や習慣の領域にまで法の規制が拡大したのです。しばらくは、法と文化の確執が続くと思わなければなりません。

5　過去のジェンダーと未来のジェンダー

過去から引きずったジェンダー・バイアス・フリーを実現しても、男女の違いが存在する限り、新しいジェンダーが生まれる。過去の「らしさ」を全否定するだけでは、新しい未来は生まれない。新しい「らしさ」の摸索を男女共同参画の〝後戻り（バックラッシュ）〟と勘違いしてはならない。

「らしさ」は「文化的性差」がつくり出した「生き方の基準」であり、「生活スタイル」の目標です。言い換えれば、日常を律する具体的な「価値の体系」です。さまざまな「らしさ」は当該社会の支配関係の反映であり、社会的につくり出された性差別を含んでいます。「らしさ」は社会的につくられ、一度出来上がった「らしさ」が、次に、社会も、人生も再生産してゆくのです。一度「らしさ」が成立すると、らしさに代表される「生き方の基準」が、社会も人生も支配するようになるのです。男女共同参画論者がいうように、「男らしさ」や「女らしさ」を脱ぎ捨てて、「自分らしさ」に移行することで、すべてが解決できればいいのですが、実際にはそれほど単純なものではないのです。

例えば、時に、「男らしさ」は男のあり方を規制し、男の誇りを支えています。か弱いものを庇護するのは男の務めと教わっています。教えが身に滲みている男性は「いじめ」や「DV」は起こさないのではないでしょうか。

それゆえ、男女共同参画社会の理念に照らして、過去の「男らしさ」を全否定したとき、成長期の少年に、「自分らしく生きればいい」と助言しても、少年にとって過去の男らしさと、今、自分が摸索している自分らしさが重なっているという単純な事実を見逃してはなりません。

ある解説には、「自分らしさを固定的に捉える必要はない」。「むしろ生き方にモデルなどない、というのがジェンダー・フリーの立場だろう」、と書いてありました。しかし、自分の未来を摸索している少年に「モデルなどない」というのは無茶というものです。過去の文化も、未来の文化も必ず「モデル（手本）」を生み出します。文化は、礼儀作法、立居振舞、あらゆる言動の手本を規制します。文化は「生き方」のモデルを生み出すのです。

少年にとって、学習の基本は「モデリング（手本の通りに模倣すること）」です。「らしさ」は「モデル」であり、「生き方の基準」であり、「価値の体系」です。「らしさ」がモデリングの対象であるとはそういうことです。自分らしさを探している少年に対して、新しい生き方モデルを示すことなく、現状の「男らしさ」だけを全否定すれば、不安になるのは当然なのです。従来の男らしさは、たしかに筋肉の働きに劣る女性に対する「優越感」を含んでいます。しかし、同時に、「男らしい少年」は、幼い子をいじめたり、大勢が一人をいたぶったりはしないものです。はたして「らしさ」は全否定すべき対象なのでしょうか？　過去のジェンダーが定めた「らしさ」の男性性にも、女性性にもまったく意味のあるものはないのでしょうか？　過去のジェンダーを全否定すれば、あるべき未来のジェンダーを発明しなくてもいいのでしょうか？

ジェンダー・バイアス・フリーというのは、主として性差別に繋がった過去のジェンダーを否定したのであって、これから生まれてくる未来のジェンダーまで否定するのでしょうか？　その目的は、不公平で、望ましくないジェンダー・バイアスの否定だけにとどまるのでしょうか？　性別の違いだけで人間を区分することがなくなったとしても、男女の差は残り、特性も残ります。それでも未来の基準に照らして、望ましい男性性や好ましい女性性は存在しなくなるというのでしょうか？　詩人の金子みすゞが歌ったように〝みんな違ってみんないい〟ことを認めたとしても、未来の文化が理想のモデルを生み出さないはずはないのです。それゆえ、未来のジェンダーまで否定することはできないのです。多くの参考書は、一人一人が異なることを認める多様な社会を目標としていると解説しています。男女の性別だけで人間を分類してはならないとも指摘しています。その通りでしょう。しかし、ジェンダー・バイアス・フリーを唱えて、既存の文化を全否定し、合わせて未来の文化まで、男女の別のない「のっぺらぼう」なものになると考えているとしたら、論理矛盾です。過去のジェンダーは男支配の文化が生み出しました。男女共同参画が実現して、男女平等（Gender Equality）が実現したとして、男女共同参画文化もまた文化です。文化である以上、新しいジェンダーを生み出すことは必然です。新しいジェンダーは過去のジェンダーの上に創造されます。過去のない現在はなく、現在に基づかない未来もあるはずはないのです。ジェンダー・フリー論で過去や現在を全否定してはならないのです。すべての「らしさ」には再点検が必要なのです。

このように言えば、「後戻り」だとお叱りを受けそうですが、「ジェンダー・バイアス・フリー」論には慎重さが必要なのです。筋肉文化の消滅したあと、字義通りのジェンダー・フリーになって、みんな男女の性別を忘れて「人間らしく」なればいいというわけにはいかないのです。現在のジェンダー・フリーは、過去において女性を抑圧してきたジェンダーからの解放を意味しても、未来にジェンダーが発生しないということを意味しているわけではないのです。また、過去の「男らしさ」や「女らしさ」がすべてマイナスで破棄されるべきものである、という議論であれば、多くの人々が納得しないでしょう。戦闘的で、単眼のジェンダー・フリー論者が受け入れられないのは、戦後教育が出発した時と同じように過去の教育遺産を全否定するからです。過去が現在を生み出した以上、すべての過去を否定して現在が生き残れるはずはないのです。

言動の価値基準は、すべてを全体平均の「人間性」とか、個人ベースの「自分らしさ」に還元できるものなのか、その中身はいまだ確定していません。少年が「自分らしさ」を掲げたとして、誰がその「自分らしさ」を承認してくれるのでしょうか。いつの時代も、独りよがりの「自分らしさ」は誰にも承認されないのです。それゆえ、独りよがりの「自分らしさ」は簡単に少年の規範には成り得ないのです。「男らしさ」を否定してしまえば、「ぼくの存在そのものがなくなるような気がします」と少年は言います。

人は「よりどころ」を失えば「自分らしく」生きることはできないのです。男らしくなろうとしてきた少年の感想には感想以上の意味があるのです。個人のレベルでは、男性性も残り、女性性も残っていることは明らかです。筋肉機能の差はもとより、男性ホルモンの働きと女性ホルモンの働きが異なることも明らかです。例外を持ち出さない限り、産む性の違いはもとより、身体の構造から特徴まで男女の別は明らかです。それゆえ、新しいジェンダーが生み出されるであろうこともまた明らかでしょう。

いずれは男女双方のいいところだけを選別して、「人間性（ヒューマニティ）」のような両性を包含した総合的価値の基準が定着していくのでしょうが、それでも男女の別は消えません。過去のジェンダーも未来のジェンダーも、政治や法律の枠を越えて変わっていくことは間違いないでしょう。同性愛結婚が認められ始めた時代です。文化は一筋縄ではいかないのです。

4 なぜ農山漁村の後継者の結婚は難しいのか?

農山漁村文化は筋肉文化の凝縮である。結果的に、農業文化は女性を対等には扱わない。それゆえ、多くの農業後継者にお嫁さんは来ない。したがって、現状の農業は早晩崩壊する。理由は農山漁村を仕切ってきた男性ボスたちが男女共同参画の意味をまったく理解せず、女性蔑視のしきたりと伝統を変革する展望を持たないからである。

1 「国際結婚」の仲介をします

西日本の田舎を車で移動すると町境の峠に「国際結婚」のお手伝いをします、という趣旨の看板にたくさん出会います。なかにはアジアの女性はやさしいですよ、とご丁寧な説明もついています。商売人は目ざといですね。日本の女性に見限られた結果、日本の農山漁村は後継者の結婚難に泣かされています。商売人は、農山漁村の男女共同参画を推進するより、日本女性に代わるお嫁さん候補者を探してくることを思いついたということです。農業後継者の妻は、今や国際結婚斡旋ビジネスの対象になったということです。それゆえ、あちこちの自治体の首長さんが東南アジアに嫁探しに行ったというニュースも一時はメディアを賑わしました。外国事情に通じていない首長さんが、手ぶらで行くはずはないですから、ここにも国際結婚斡旋ビジネスの営業があったということなのでしょう。

しかし、男女共同参画ができていないという大元の原因を治療せずに、応急の処置だけで、「お嫁さん」を迎えても、「国際結婚」がもたらす文化的「不適応」の諸問題の処理に追われることになるのは目に見えています。外国人妻の日本文化への適応の問題、家族や近隣とのコミュニケーションの難しさの問題、混血の子どもが遭遇する心理的適応の問題などの発生は明らかに予想されるところでしょう。

2 農山漁村の母が象徴するもの

農山漁村の母は、農山漁村が歴史的に再生産を繰り返してきた「筋肉文化」が女性をいかに遇するかを象徴しています。農山漁村の母は父に比べても、息子に比べても、対等の存在ではありません。ましてや「嫁」は「母」の下位に位置しています。市民に文化的等級があるかのように、女性は農山漁村文化における二流の市民なのです。子ども神楽が男の子に限定されてきたのも、女性が祭りの「神事」にも「直会《なおらい》」にも原則として出ることができないのもその証拠の一つでしょう。

農山漁村の後継者に結婚の相手が見つからないのは、若い女性が農山漁村の母に自分を重ねて見ているからです。今時の若い女性が二流市民の地位に甘んじるはずはないのです。若い女性にとって、農山漁村の母はすでに未来の自分のモデルとは成り得ないのです。それゆえ、農業後継者の男性が結婚できない真の原因は、従来の慣習を変えようとしない農山漁村のボスにあり、「父」にあり、しきたりに甘んじた「母」にあり、自らが女性に優先する地位に坐っていることの意味を自覚することのなかった「息子」自身の中にあります。

一般論としては、女性を対等に処遇することを拒否してきた農山漁村文化の伝統としきたりにあります。なかでも、最大の障害は、男女の平等に関する自己変革を怠ってきた地方の指導者です。彼らの思想的背景は、女性の対等を認めない筋肉文化です。

多くの男性を不快にするかもしれませんが、地方の文化は大なり小なり女性の抑圧装置なのです。「農山漁村の後継者の嫁不足」は、農山漁村が男女共同参画理念を拒否した結果の象徴的事象なのです。

娘たちが拒否しているのは、必ずしも生身の農業青年ではありません。もちろん、農業という職業でもなく、農作業の実態でもありません。問題は女性を対等と認めない「伝統」と「しきたり」を変えようとしない農山漁村文化です。女性を認めず、女性を抑圧する農山漁村文化はいまのままでは、とうてい娘たちの承認を得ることはできません。

若い娘たちは、農業青年の母の暮らしの中に、自分の願いと地域文化が矛盾していることを十分理解しています。農山漁村のしきたりや伝統が自分たちを抑圧するものであることも十分承知しています。農家にもたくさんのお嬢さんがいるはずですが、彼女たちが農家に嫁ごうとしない現実を見れば、娘だけでなく、農家の母もまたわが娘を農家に嫁がせる意志を持たないことは明らかでしょう。農家の「家族協定」や自覚した農山漁村女性の運動によって、農山漁村も大いに変わりました。しかしながら、肝腎の一点、農村における男女の対等についてはほとんど手つかずのままではないでしょうか？　女性を二流に位置づけ、その意志と能力を抑圧する農山漁村文化の全体を変革し、伝統を否定し、しきたりから抜け出ることができないまま時間が過ぎて、今日に至ったのです。農山漁村の嫁不足は女性の断固たる意志表示です。

3　敵は「伝統」と「しきたり」

日進月歩の進化を遂げた農業技術や機械化の恩恵は、農作業の男女共同を実現しました。今や、トラクターからコンバインまで、たくさんの女性が自在に操作して農作業に従事しています。今や機械化や自動化の恩恵は大部分の労働領域に及び、男にできて、女にできない農作業などはほとんど存在しないのです。しかし、農山漁村における男女の社会心理学的地位はあまり変わっていません。男女共同参画の精神は、多くの農家の日常の暮らしにまでは届いていないのです。家族が共同して働いた農作業のあと、夕餉の支度は誰がするのでしょうか？

筆者の研究分野である社会教育では、長い間、女性を対象とした農村地帯のプログラムの多くが夜七時以降（または八時以降）でなければ開催できませんでした。夕餉のしたくも後始末も、当然、母の役割ですから、「出られない」、「出してもらえない」ことは明らかでしょう。女性を対象とした公民館会合の時間が決まっているのは、女性の拘束時間帯にほぼ例外はないということを意味しています。夕食の準備・後始末を父や息子が手伝うことは予想すらされていません。当然、同性の姑も認めません。夕餉の後始末が終わらなければ、女性は家を出してもらえないのです。農村文化を敵に回して、自分の意志だけで家を出てくることはできないのです。かくして、七時（八時）開会は公民館の常識となったのです。

台所で一人黙々と働く「母」に自分の時間は保障されていないのです。制約づくめの母の日常は、若い女性にとって、すでに「美しい奉仕の風景」でないことは明らかです。それは女性を抑圧する「暗く、哀しい忍従の風景」なのです。

女性の不満も不平もときには噴出しますが、それは限りなく愚痴に近いものです。

男たちがつくり上げた伝統としきたりによって、女性の「発言権」は認められず、「女のくせに」と抑圧され、時に、「一番風呂」は許されず、祭りの神事や「直会」にも出席を拒否されるのです。子ども神楽への女児の参加は認めず、棟上げ式には男の子だけを棟の上にあげます。おそらくは、多くの家庭で母のポケット・マネーも自由にはならない日々が続きました。泊まりがけの研修会などはもってのほかです。

女性を抑圧するしきたりや伝統にメスを入れないで、都会の女性による農業体験ツアーを計画しても、集団の見合いをセットしても女性の理解が得られるはずはないのです。農業後継者の結婚難はすでに農村の現代史によって証明済みなのです。

農村に限ったことではありませんが、男女共同参画による精神の自己変革は「変わりたくない男」たちの最大かつ緊急の生涯学習課題です。特に、これまで地方を取り仕切ってきた政治家や顔役たちの課題です。彼らこそが農業青年が結婚できない最大の「原因」です。彼らこそがその事実と原因にまったく鈍感で、自らの「生き方」が女性を抑圧していることに気づいていないのです。

結婚できないままに田舎に朽ちていく多くの農業青年の無念を思えば、対策はあまりにも遅きに失しているのです。農政の担当者、農村の研究者の怠惰の責任も重大です。真の敵は農村の「伝統」であり、「しきたり」です。それも大部分は頭の固い二本足の「伝統」なのです。農政の担当者、農村の研究者もまたその大部分は男性であり、農村文化の居心地の良さに安住してきたのです。彼らも、また、伝統に反逆して、農村には嫁が来ないという女性の反乱が起こるまで見て見ぬ振りをしてきたのです。迂闊と怠惰の原因は男に与えられた「居心地の良さ」だったのです。

しかし、もとより、女性を対等に処遇しない伝統としきたりは農村文化の中だけにあるわけではありません。女性の抑圧は筋肉文化の歴史を通して、程度の差こそあれ、どの職業領域にも、どこの家庭にも受け継がれていたのです。

〝性差別撤廃は、文化の領域にも踏み込まざるを得ない、いわば「文化革命」的側面をもっている〟*という指摘は誠にその通りなのです。

＊鍛治千鶴子『「ことば」に見る女性』（監修・編著　井出祥子）（財）東京女性財団、一九九八年、六頁。

4 結婚のための若者改造計画

近年ある県が補助金を出して若い男女の結婚を奨励するプロジェクトを募集しているという話を活動家の女性から聞きました。筆者は長年考えてきたことをプログラムとして立案し、全面的に協力しますというメッセージを添えて、彼女に送りました。残念ながら、当方の企画は実現せず、公金を使って、若い男女をバスハイクに招待するという安直な企画に終わりました。県のプロジェクトも安直ですが、活動家の彼女も安直です。関係者はいまだに問題の深刻さを理解していないのです。予算さえあれば、ただで招待する青年男女のバスハイクは簡単に実現することでしょう。しかし、バスハイクで「出会い」や「交際」や「結婚」に進んで、農家の嫁不足が解消するのであれば、事はなんの心配もありません。しかし、この種の試みはすでに何千回と繰り返されてきた徒労と税金の無駄使いです。「変わってしまった女」と「変わりたくない男」の結婚は、バスハイクで解決するような単純な問題ではないのです。バスハイクは一例に過ぎません。農業体験プログラムも、田舎交流プロジェクトも同じです。男女共同参画の意味を理解せず、なんの見通しも、効果も確認しないまま税金がどぶに捨てられるように使われているのです。

苦労して書き上げた提案が没になり、いささか悔しかったことは否めません。提案が没になった直後に、ある国立大学の社会教育の集中講義で筆者のプランを学生諸君に披露してみました。以下は筆者が立案した農山村の後継者改造実践計画の骨子です。

(1) 第一は、若い男女がお互いの「考え方」や「感じ方」の違いを自己確認し、特に男性は、女性の主張や女性から「期待されている事」を生活の領域別に知ることです。方法は講義や読書感想文やＫＪ法や同年代の女性との討論です。

(2) 第二は第一の結果を踏まえた自己改造のための生涯学習プログラムの実践です。「これまでの自分」を「男女共同参画時代を生きる自分」に変えるための改造実践です。この時点で「これまでの自分」を絶対に変えたくないという気持ちの強い人はここまでで研修参加を辞退してもらうことになります。気の毒ですが、当該プログラムを通して結婚の可能性を探るのは不可能だからです。

そもそも「今のままでいいんだ」・「変わる必要などない」という気持ちの強い人を講義や学習で変革することは不可能だからです。変革は形成より遥かに難しいのです。

(3) 「自己改造のための生涯学習プログラム」とは他者（この場合は、若い女性）の期待に応えようとする自分になることです。

根本は男女共同参画時代の「暮らし方の原理」を理解することです。しかしそれだけでは十分ではありません。生活技術も、教養プログラムも、スポーツ・プログラムも、趣味の活動も、身だしなみも、礼節も、コミュニケーションの技術もすべて相手の思いに応えて一緒にやってみようとする意志と努力の具体化が必要です。本気でやろうとすれば、一年は必要になるでしょう。人は簡単に変わることはできませんが、必要に迫られて「変わりたい」と思えば変わることができるものです。

(4) 第三は男女共同参画の「誓約書」の作成です。農業家族の自立に「家族協定」が必要なように、本当に結婚を希望するのであれば、女性を対等に処遇するという己の「誓約」と「宣言」が不可欠です。「誓約」も、「宣言」も世間への公表を前提とします。もちろん、本人の言葉で「対等の処遇」とは何か、「共同参画」とはどういう意味かについての説明と例示を書いてもらいます。

(5) 最後は、上記の研修を終えて、結果を試してみたいと参加者が思ったら、努力のプロセスと成果を世間に発表し、誓約の言葉を宣言し、不特定多数の若い女性に対して、メディアを通して発表会を兼ねた「集団見合い」を申し込むのです。

講義を終わって、多くの女子学生から質問が矢のように降ってきました。おおむね好意的な質問でした。そういうことに挑戦しようとする男性青年なら会ってみたいという声も多くありました。自分を変えることなく、「変わってしまった女」の評価を得る方法はない、というのが筆者の結論です。地方行政の担当者も、相も変わらぬバスハイクや体験ツアーの代わりに一度お試しになってはいかがでしょうか。また、「花嫁学校」の経営者は、「男女共同参画時代の花婿学校」の自己改造プログラムを開発してみてはいかがでしょうか。既存の「結婚相談所」にアホみたいに高額の「紹介料」を払う時代です。行政が実施する〝ダサイ〟プログラムにお客は来なくても、外観だけでも格好のいいカルチャー・センターには集客力があるのではないでしょうか。

5

「変わってしまった女」と「変わりたくない男」

――熟年夫婦の危機

男の支配体制が続いた中で、女の上位に坐り、居心地の良い地位を占めた男は、その既得権のゆえに「変わりたくない」。男女共同参画に目覚めた女はすでに「変わってしまった」。あらゆる領域で両者の衝突は避けられない。危機は熟年夫婦に集中する。

1　精神の固定化

精神の固定化は通常「頭が固くなる」ということです。状況の変化に応じて、精神が働かなくなることをいいます。精神形成の大部分は若い日々の学習と経験を反復した結果です。それゆえ、熟年世代にとっては反復練習が長かった分だけ確固たる価値観や感性が身についてしまっているのです。「精神的固定化」が始まると「昔やったように」しかできなくなり、「昔考えたように」しか考えることができなくなります。結果的に新しい考え方が受け入れられなくなり、新しい実践に踏み出すことがむずかしくなるのです。男女共同参画は多くの熟年世代にとってまさしく新しい実践の最たるものです。新しい実践に踏み出そうとするとき、過去の学習が新しい学習の邪魔をする「干渉」が起きます。それゆえ、教育学では、このことを「変革」は「形成」より困難である、といいます。男女共同参画のような新しい理念が青少年には比較的容易に理解されるのに対して、熟年世代になかなか受け入れられないのは、熟年世代の過去の学習結果が新しい学習課題に「干渉」を起こしているからです。

「男らしさ」も、女に対する男の優越も、過去の経験で身につけたものを最善と思い込むのが精神の固定化です。中高年男が変われないのも、中高年男が変わりたくないのも、おそらくはこの「固定化」に大いに関係していることでしょう。配偶者を持たない人、または失われた人はともかく、定年は家族関係、とりわけ夫婦の関係を大きく変えてしまいます。「オレが外で稼ぐから、おまえは家を守ってくれ」。定年前の私生活における性別役割分業をいくらかやさしくいえば、このような言い方になるでしょう。ところが定年によって「オレが外で稼ぐ」という状況が終わるのです。前提としていたことが変わるわけですから、従来の家庭内の役割分担も当然変わらなければなりません。

定年後の夫婦の役割変化に適応することはちょっとした配慮があればすむことなのですが、それができないので「主人在宅ストレス症候群」や「熟年離婚」が発生するのです。原因は主として「変わりたくない男」が客観状況の変化にもかかわらず「自分の生き方を変えない」ことにあります。「変わってしまった女」はこれ以上男の一方的な支配にがまんできない、がまんしない、という限界点に達し始めています。「むかしやったようにしかやれない」、「むかし考えたようにしか考えられない」

という「精神の固定化」は、通常、「老いの頑固さ」から発するものですが、同時に、母の息子に対する子育てに起因しているのです。男の方が女よりも偉いのだ、という育てられ方をした男には「筋肉文化の毒」が全身に廻っているということです。

かくして不幸なことですが、熟年世代には老いと子育て文化の両方の要素が加味されるので自己変革はますます難しいのです。男女共同参画問題の核心は「変わりたくない男」の日常の感性と言動にあります。その感性と言動を変えることこそが筋肉文化を解体する実践の問題なのです。男女共同参画の実践過程は、「変わりたくない男」の「泣く時代」であり、「変わってしまった女」が今しばらくは「泣かされる時代」でもあるのです。

2 「変わりたくない男」

「変わらない男」の本質は「変わりたくないこと」にあります。変わろうと決心さえすれば、日常の共同生活にそれほど難しい課題があるはずはないのです。

「筋肉文化」は例外なく男の支配システムであったことはすでに指摘した通りです。生活の中の男女のあり方を律してきた「文化的性差」も「筋肉文化」が定義・決定してきました。換言すれば、女性の社会的位置は主として男性が決定し、中身は男性が定義したものです。男にとって都合のいいように決められていることは当然なのです。

それゆえ、男女共同参画の理念は、男女の対等な関係を巡って多くの点で「既存の文化」と敵対することになるのです。男女共同参画の理念は従来の男性優位の「筋肉文化」に対して、女性の対等、女性の意見、女性の立場を主張せずにはいないからです。自己変革を要求されるのは男です。男女の共同、男女の対等を実現しようとすれば、主として男が、既存の権利や現状の優位を譲歩したり、放棄したりしなければなりません。それゆえ、自覚的であれ、無自覚的であれ、男は「居心地の良い」現状を手放したくはないのです。男に限らず、居心地のいい状況を変えなくてすむのであれば変えたくないと思うのは人間の自然の欲求です。既得権や居心地のいい状況は、昨今では「抵抗勢力」の原点と呼ばれます。「変わりたくない男」は原理的に男女共同参画の「抵抗勢力」なのです。どの抵抗勢力も自らに関わる変革によって「既得権益」を失うという点で共通しています。男性優位の文化は男にとって「既得権益」であり、できれば失いたくないのです。当然、男は、女性に対する優位を保ってきた分だけ、失うものが多いのです。社会においても、家庭においても「変わりたくない男」の男女共同参画理念への抵抗の根本原因がここにあります。

3 「変わってしまった女」

トラックやバスのパワーステアリングに象徴されるように、機械化と自動化が男女の筋肉差を極小にしました。機械の助けを借りれば、「男にできて」、「女にできない」ことはほぼ完全になくなったのです。それゆえ「男女雇用機会均等法」も、「男女共同参画社会基本法」も制定され、男女対等の社会参画が推奨されるようになったのです。「生物学的性差」を起源として「文化的性差」が発生し、そこから「性別役割分業」の社会システムが歴史的につくられてきました。ところが、文明の恩恵によって筋肉の働きにおける「生物学的性差」が極小化されました。労働システムにおける男女の性差は、その社会的意味がほとんど完全に消滅したのです。男と同じ作業や労働ができるようになった以上、女性が男性と対等の処遇を求めたのは必然でした。もちろん、女性の要望によって、「男女共同参画」の理念は政治課題となりました。参政権のように、はじめは私生活の日常から遠かった政治課題も、時間とともに、緩やかに個々の感性に浸透していきます。「男女共同参画社会」が追求する本質は、あらゆる領域での「性差別」の禁止であることはいうまでもなかったからです。

女性の社会参画要求は、女性の参政権から始まり、当面最も重要な職業上のルールを変えることに成功しました。欧米の文化が発明した「同一労働、同一賃金」の理念は、文明の支援を得て、女性が男性と同等の仕事ができるようになった結果、「同質労働、同一賃金（Equal Pay for Equal Quality Labor）」の理念に進化したのです。多くの女性が政治参加によって「発言権」を拡張し、さらに外部就労という形の職業参加によって「経済的自立能力」を獲得したのです。

その結果、女性は社会参加の過程を通して一気に文化的な自己変革を遂げました。変化の中身は女性という「性」に対する社会の処遇を変え、女性の役割とされてきた事柄の文化的定義を変更することです。そうした中で新しい法律も次々と誕生しました。文化的定義が変えたのは、女性の思想と感性です。女性の生き方が変わり、女性と組織の関係も、女性と制度との関わりも変わったのです。それゆえ、仕事も、遊びも、職場も、家庭も、もちろん暮らしの中の人間関係のすべてにわたってその発想と生き方が変わったのです。なにより男の見方、男との関係が変わったのではないでしょうか。時代は個人の主体性を重んじ、自己決定－自己責任を標榜するようになりました。時代の空気をより敏感に吸収したのは「変わりたくない男」よりも「変わってしまった女」だったと思います。自分の基準に適合しない相手との結婚の拒否も、自分が確信の持てない出産の拒否も、妻や嫁に一方的に課された介護の拒否も、熟年離婚の決断も、自分の墓を家族の墓と分離する「あの世離婚」の実行も、すべては女性が勝ち取った自己決定－自己責任の時代を象徴しています。

古い世代の男たちは、こうした女性の意志表明を「変わってしまった女」のわがままと勝手と放埒であると憤慨します。確かに、部分的には個人の自分勝手も含まれているでしょう。しかし、変化の核心は、女性が手にした「自己決定権」なのです。瀬地山 角氏が論じているように、この自己決定権を論理的に突き詰めていけば、その賛否は別として、売春さえも「性的自己決定権」の名の下に本人の主体性に委ねざるを得ないという結論になるのです。[*] 中学の女生徒が「援助交際」は主体の自由であると主張したとき、指導教員が立ちすくんでしまうのも、教育の論理だけで人間の「主体性」には立ち向かえないからでしょう。

＊瀬地山 角『お笑いジェンダー論』勁草書房、二〇〇一年、二一二頁。

女性解放は、現代人の「主体」の解放と同じ意味だったということに気づかざるを得ないのです。遅れていた開発途上国が、最新システムと最新技術を導入して、中古技術のシステムを刷新できない中進国を一気に抜き去るように、抑圧されていた女性も男女共同参画の思想を手にして、人間の「主体性獲得」という点で、一気に男たちを抜き去ったのです。

男の「主体性獲得」は大いに遅れました。組織の人事管理や地域の伝統としきたりにどっぷり浸かっていた男たちは、いまだに、気兼ねや見栄にこだわって、「育児休暇」も「介護休暇」も取れません。定年組は、過去の栄光と名刺を忘れがたく、一人の人間に立ち返って「地域デビュー」をすることすらできないのです。こと「主体」の獲得・解放に関する限り、「変わりたくない男」たちは、時代の先頭を駆け抜けた女性たちに完敗したのです。「学習への積極的参加」の点でも、「自己決定」の点でも、決定を実践に移す度胸の点でも、あらゆる分野の挑戦のスピリットにおいて、女性は男性を一気に抜き去ったのです。「変わってしまった女」は変化を恐れず、「変わりたくない男」は変化が一番恐いのです。

4 「変わってしまった女」の報復

こうした女性の自己変革によって最大の影響を受けるのが男性であることはいうまでもありません。女性の基準が変わり、価値観が変わり、感性が変わった以上、それに適応して男性が変われなければ、「変わってしまった女」との衝突はとうてい避けられません。男だけを責めるのは、不公平との批判もあるでしょうが、非婚化も晩婚化も少子化も大半は男女共同参画の意義を理解しなかった男の責任です。あらゆる原因は、「変わってしまった女」の背景にある歴史的不幸を理解せず、協力することも、共感することもできなかった男の鈍感な感性にあるのです。

「変わりたくない男」が変わらなかった理由も、自己変革を遂げることのできなかった原因も単純明快です。男は、女性の上位に位置した居心地の良さを手放せず、女性を社会学的にも、心理学的にも服従させてきた既得権益を捨てられない、ということです。

女は、育児に参画せず、家事を手伝うこともなく、自分は女より偉いんだ、と思っている男とは結婚などしません。「女にとって子育てはなによりも大事だ」とうそぶき、「子育ては家庭の責任」などと演説する〝偉い男たち〟をまったく信用しません。事実、彼らのように、政治や行政を仕切っている男たちは、国が決めた「子育て支援策」ひとつ実行できないのです。正確には、彼らには子育て支援策など実行する気がないのです。多くの女性が意識してはいないでしょうが、少子化はそうした男社会に対する〝おんな〟の報復的回答です。少子化は「変わりたくない男」が女性を尊重せず、女性を変革した時代状況を理解しなかったことの結果なのです。少子化によって、「筋肉文化」は今、まさに終焉の過程に入ろうとしています。少子化は、男が自分の既得権益を守ろうとして招いた現代の男女不平等の最終的象徴です。あるいは、「変わってしまった女」が無意識のうちにもたらした男支配の社会への異議申し立ての結果であった、といってもいいでしょう。

5　家庭生活における「対等」の実践

男に求められているのは、家庭生活における「対等」の「実践」であり、「対等」の「負担」です。女性が家庭の外の「社会的な領域」に進出した分だけ、それに応じた男性の「私的領域への参加」は不可欠です。男女対等の原則に照らせば、当たり前のことです。私的領域とは育児と家事に代表される日常生活の責任分担であり、役割分担です。社会的活動における男女共同参画はすでに法的に決まっていることですが、私的領域における男女共同参画は一律に法で縛ることはできません。「プライバシーの壁」があるのです。当然、育児・家事への男性の参加は男女共同参画社会の立て前だけでは実現の難しい「カリキュラム」なのです。

現実には、市民の私生活に外部社会の立て前は簡単には到達できません。社会的理念を採用するか否かは、各家族、各人の選択だからです。それゆえ、男女共同参画は、私生活において、社会の改革運動から最も遠く、最も遅れた領域なのです。何年か前の厚生白書も、育児・家事の大部分は「妻」が担当しており、このことは妻が常勤の場合でもあまり変わらないと指摘していました。夫が定年を迎え、子どもが成人した後の熟年期の夫婦が衝突する理由はこのような背景の中にあります。

まずは日常生活の苦労と労働の負担が女性に偏っているということです。お茶を入れることも、炊事、洗濯、掃除、風呂の準備まで主として女性が担当し、男性に仕えるかのような状況になっています。したがって、日々の気苦労やストレスの大部分は女性が引き受けることになります。日常の分業や分担を見れば、私生活において、男性が女性を対等に処遇していないことは明らかです。カウンセラーの山崎雅保氏の本のタイトルは「『未熟な夫』と、どうつきあうの？」です。中身には「成長しない夫」、「子どもより手がかかる未熟な夫」、「甘やかされて育つこの国の男たち」などの言葉が並んでいます。[*] こうした夫を育てたのは、筋肉文化であり、文化の枠組みの中で子育てを担当した「母」

の責任です。

＊山崎雅保『「未熟な夫」と、どうつきあうの？』リヨン社、二〇〇四年、三、二〇頁。

最大の問題は、男性が外で苦労する状況が終わった定年のあとも、その「未熟」と「鈍感」のゆえに、家庭内の女性の心身の負担を自覚し得ないことです。問題の核心は男の思想と感性にあります。現代の熟年男性は「稼ぎの主力」であったという事実に依拠して、私生活の家事／育児の分担については極めて「鈍感」なのです。国のシステムですらも「扶養家族」概念に象徴されるように、長く「主婦」の労働貢献を正式には認めてきませんでした。国政を担った男たちの目に、女性は「扶養される者」でしかなかったということでしょう。女性は無給のアンペイド・ワークを負わされ続けてきたのです。

それゆえ、定年後の夫婦の対立を解決する糸口は男性の家庭参加、家事参加にあります。私事の男女共同参画は日常生活の役割や家事の分担を公平にすることから始めるしかありません。日常における男女の公平を実現するためには、男が料理を習い、洗濯や掃除を担当し、これまで当然のことのように「女性の仕事」としてきたことを率先して担当することです。そこから先はそれぞれの家族の事情で決まっていくでしょう。明らかなことは「変わってしまった女」は「変わりたくない男」の思想や感性には決して寛容ではなくなったということです。多くの女性が男はフェアでない、と感じているからです。

6 男女共同参画の視点の進展と女性の「不公平感」

男女共同参画の視点に立てば、熟年女性が夫に求めているのは家事の「外部化」ではありません。ましてや、家事の電化や機械化でもありません。定年を迎えるまでは、男性の性別役割分業の主張にも「三分の理」はありました。現行システムの中で、「外で稼ぐ男、家を守る女」というのがその「理」です。しかし、外で稼ぐ状況が終わったあとでも、一切の家事に参加しようとしない男を、女性が「フェア」でないと思うのは至極当然のことでしょう。ましてや共稼ぎの家庭では女性の不公平感は極点に達することでしょう。「ご飯はテーブルに湧いて出てくる、と思っている」と揶揄され、*「夫よ、あなたがいちばんストレスです」**と批判されるにはそれだけの必然性があるのです。不公平感も、ストレスも「分担」の偏りだけが原因ではありません。

*日経マスターズ編『妻への詫び状』座談会「私たちの本当の気持ち」日経BP社、二〇〇五年、一七一頁。
**村越克子『夫よ！　あなたがいちばんストレスです』河出書房新社、二〇〇三年。

一方が召使いのごとく、他方が主人のごとく、家庭内の心理的位置が対等でないことに最大の原因があります。「ご飯はテーブルに湧いて出てくる、と思っている」という怒りの背景には、「自分は何様のつもりか」という人間関係への抗議があるのです。女性が求めているのは男性の家事・育児への共同参加であり、「女は家事をやれ」ということを「当然」とする男性の思想と感性の自己変革です。「不公平」と「不公平感」は別のものです。それゆえ、現状の男女関係が〝フェア〟であるか否かを決める心理的要因は、家事や育児の実労働の負担の問題だけにとどまりません。負担感の中心は夫の共感が得られない女性の心理的孤立にあります。だから「夫よ、あなたがいちばんストレスです」ということになるのです。夫婦ふたり暮らしになった定年後の日常生活において、男性の参加と協力が得られず、自分だけが負うべき家事の役割が残ったとすれば、女性の心理的負担感が大きくなることは、少し想像力を働かせればわかることでしょう。間断なく続く家事は女性の自由と独立を大きく拘束しているのです。男女共同参画の理念が世間の旗印となり、声高にスローガン化されればされるほど、私的領域で男性の共同参加を得られない女性の孤立感と怒りは増殖されることになるのです。それゆえ、事は急を要するのです。家庭生活における男女の「不公平」が解消されなければ、実質の家事労働が軽減されようとも、「不公平感」はますます増大することになるのです。

社会の建て前は、男女の対等と共同は当然である、ということになりました。しかし、個々の私生活においては建て前は建て前に過ぎず、女性だけが「男に奉仕する」という役割を背負っているのです。不公平感は早晩「限界点」に達します。社会が認めた「理念」と女性がおかれた「現状」が乖離している分だけ「矛盾感」も「孤立感」も「いら立ち」も大きくなるからです。ある町の女性会議の会長さんが、〝毎日のみそ汁に塩をひとさじ多く入れてやるのが最終の解決策です〟、と笑いとばした背景には、それほど男が頑固に変わらないという認識があるのです。

「変わりたくない男」が家事に参加し、それを「当然」とする思想と感性を身につけない限り、男女共同参画の理念は女性の怒りを増殖し続けることになるのです。

6 なぜ家事はそんなに辛いのか

家事は「些細なこと」である。しかし、男女共同参画が私生活に導入できるか否かは、その「些細な」家事の分担にかかっている。家事の一つ一つは些細なことでも、積み重なり連続すれば、「重大事」になり、やがて「奉仕する側」と「奉仕される側」に分かれる。

1 男がすべき重要な仕事ではない

一体、家事はなぜそんなに辛いのでしょうか？ 具体的な家事は「些細なこと」と言ってしまえば身もふたもありませんが、事実、だいたいは簡単なことでしょう。しかし、男女共同参画が私生活に導入できるか否かは、その「些細な」家事の分担にかかっているのです。家事の一つ一つは些細なことでも、積み重なり連続すれば、「重大事」になるからです。

家事はまちがいなく辛いのです。そうでなければ、家事がこれほど「外部化」された理由の説明がつかないでしょう。現実に家事の大部分を分担している女性にとっても、その分担を回避してきた男性にとっても、「家事の辛さ」の理由は多岐にわたります。以下は参考書の行間を読み取り、女性の不満をメモしながら、筆者が分析した結果です。考えるヒントは、「筋肉文化」の特性の中にあり、実際の日常生活の繰り返しを勘案すればそれほど難しいことではありませんでした。

歴史的な起源から、具体的な日常生活上の根拠まで男女両性が「家事」にこだわる理由は以下の通りです。その第一は、男がすべき重要な仕事ではない、という論理です。

「筋肉文化」は男に筋肉を必要とする仕事を分担させました。主役は生産労働と戦争です。やがて男は社会の主導権を握り、頭脳を必要とする仕事も優先的に分担するようになり、結局は社会システムを維持する重要な役割はすべて男が担当するようになりました。この事実を引っ繰り返せば、男のすることは総じて重要であるという感性を生むことになります。それゆえ、「女、子どものすること」は「些末なこと」になるのです。男性支配の社会生活は、男がすることが主要で、女のすることは副次的になったのです。男社会にとって、唯一の例外的な女の重要事は「出産」だったでしょう。これぱかりは、単純明快に、男にはできないことだからです。

人生におけるこのような評価序列は、つい最近まで、あるいは現在も続いているといった方が正確でしょう。評価序列をシステム化した結果が「性別役割分業」です。「家事は男がすべき重要な仕事ではない」ということになったのです。過去のジェンダーに照らせば、家事は男の誇りを傷つけ、男のメンツをつぶすのです。〝男子厨房に入るべからず〟が生きているのですから、多くの男性は今でもそう思っていることでしょう。だとすれば、現代の女性がそうした発想に寛容でいられるはずはないのです。

2 社会的評価の対象にならない——「妻に定年はないのか」

家族が分担する家庭内労働は、長い間、社会的評価の対象になりませんでした。筋肉文化は男の労働だけを社会的労働と認知してきました。女性の家庭内労働は「私的」であり、「奉仕」としてしか認知されませんでした。家庭内労働の中で、唯一社会的労働と認知されたのは、「奉公人」や派遣家政婦のような外部労働力を導入した場合だけでした。しかし、現代社会においては、「扶養家族」概念に異議を唱えてきた女性の主張を聞くまでもなく、「家政」は明らかに家事の外部化に伴って「社会的労働」であることが認知されるようになりました。「家政婦（夫）」に代表される職業もすでに長い歴史があります。介護の派遣業務は現代の注目すべき職種になりつつあります。

家族による家事を「社会的評価の対象にならない」として経済行為から除外する考え方は「内助」という表現に代表されてきました。「内助の功」は久しく男性支配の社会が好んで使用してきた概念です。しかし、今や、法律上の取り扱いが変わり、「内助」は「外助」と同等として認知されました。熟年離婚時の「夫の年金」の「分割」が妻に保障されるなど「社会的評価の対象」になったのです。

それゆえ、定年後の男性が家事を分担せず、家事の辛さと困難を正当に評価しないことは女性の労働と貢献を正当に評価しないことに通じているのです。「妻に定年はないのか！」という女性の側からの指摘は、家事労働の社会的意味を理解しない男性に対する精一杯の皮肉なのです。

3 「個性」や「創造性」の余地が少ない

家事の大部分は日常の繰り返しです。それゆえ、慣れてしまえば、家事の大部分に「個性」や「創造性」の余地が少ないといっても誤りではないかもしれません。おもてなしの料理を作ったり、家計を工夫して投資計画を立てたりするような例外もありますが、お昼をお茶漬けですませたり、皿を洗ったり、玄関を掃いたり、ゴミを出したりすることに特別な能力は要らないということです。しかし、高度な能力を必要としないことだから「男性の仕事ではない」、ということでは女性もだまってはいられないでしょう。家事や介護や日常の業務にはすべて当てはまるのですが、必要であっても「繰り返し」で「退屈」、不可欠であっても「単調」で「辛く」、時に「汚い」というような業務は、英語でDirty Workといいます。欧米の先進国はダーティー・ワークを安い賃金で、外国人労働者に請け負わせることが常でした。これからもその風潮は続くでしょうが、やがて開発途上国の生活レベルが上がれば、「ダーティー・ワークの国際分業」もできなくなる時代が来ます。そのときのことを考えてみれば、みんなで分け合って「退屈」や「辛さ」を分散するしか方法はないではないですか。家族の中も同じでしょう。家事も介護もみんなで分け合って「繰り返し」や「辛さ」を分散するしか方法がないのです。これまでのように担当者を女性に限定すれば必ずその不公平に女性の不満や怒りが集積してしまうのです。これからは労働分野においてもダーティー・ワークだからこそ余分なお金を支払うことが常識になる時代が来ると思います。妻だけが家事の日常業務を一方的に分担しなければならないのはアンフェアで不公平というものです。

4 誰でもできる

通常の家事なら誰にでもできます。訓練さえすれば、子どもにでもできます。「だれでもできるのなら」「あなたでもできるでしょう」というのが女性の論理ではないでしょうか。特別パーティーのシェフは務まらなくても、料理も炊事も洗濯も、少しの練習で日常のことは簡単にできるようになるのです。だから誰にでもできるのです。子どもの家事手伝いもしつけの一環として当然のことであり、男性の分担もまた家族内の協働として当然ではないでしょうか。

5 「繰り返し」と「連続性」

家事の最大の問題は「繰り返し」と「間断なく続く」ということです。毎日、あるいは、いつかは、誰かが汚れた皿も、衣類も洗わなければならないのです。掃除もしなければなりません。定年後に男性の決まった任務がなくなる以上、女性が男性に「間断なく続く」生きるための作業の分担を願うのは当然のことでしょう。

「繰り返し」と「連続性」は時に苦痛です。重いものを持って同じ道を繰り返し登らなければならないシジフォスの神話の「呪い」のように、考えようによっては、家事は延々と繰り返される辛い「罰」なのです。人間が食うことと排泄を止めない限り、家事だけは死ぬまで続くのです。余暇時代が到来し、定年後の生涯時間は二〇年といわれるようになった現在、間断なく続く家事の繰り返しは女性の分担であるとする根拠は男性にも見つからないでしょう。

6 「奉仕する側」と「奉仕される側」に分かれる

家事はファミリー・サービス（奉仕）です。それゆえ、家事の分担が男女どちらかの一方に偏れば、片方は「奉仕する側」となり、他方は「奉仕を受ける側」になるのです。妻が自分のことに熱中している最中に、突然〝灰皿〟、〝しんぶん〟、〝めしはまだか〟などと言われて頭に来るのもわかろうというものです。おそらく男性の側には職場組織の中の上司と部下の主従関係に慣れ過ぎた感覚も残っているのでしょう。また、長年家の外の労働で言うに言われぬ苦労をして家族を養ってきたという自負があり、家では「奉仕される側」に坐ることは当然だと思っているのかもしれません。

しかし、外部労働における男性の労苦の歴史が事実であったとしても、妻が遊んでいたわけではありません。しかも、定年は、男性が家事を分担しない根拠としてきた外部労働の終わりなのです。ここからは新しい歴史が始まるのです。まして、共稼ぎで過ごしてきたご夫婦の場合は、男が家事を分担しない理由はどこにも見当たりません。

「自分で時間を過ごせる活動を見つけて」と妻たちが言っているように、定年は労働から活動への

「移行期」です。妻たちも「家事と育児」の労働から、自分の老後の活動に移りたいのです。職業生活が夫の自由時間を拘束したように、家事労働もまた、妻の自由時間を拘束するのです。

定年を迎えるということは、従来の分業を再整理し、新しい家庭内協業を始めるときなのです。過去は過去、これからはこれからです。その思考法に夫がついていけないとき、妻にとっても夫にとっても、定年は地獄になるでしょう。

7 「家事力」は「生活力」

妻たちは家事力を日常の「生活力」と呼んでいます。したがって、家事をおろそかにすれば、生活が崩壊します。家事は退屈であろうがなかろうが、間断なく続き、家事を怠ればその日の生活が停滞するからです。したがって、家事を分担しない者は、「生活力」に欠け、日常の負担になるのは当然なのです。「負担」は心身のストレスです。定年後、家事を分担しない男はストレスを引き起こす原因である「ストレッサー」だということです。負担は実質的負担と心理的負担の双方に跨っています。家事における「奉仕」と「被奉仕」の関係を固定化すれば、日常の人間関係は、時間の上でも、作業量の上でも、支配と被支配の関係に転化し、主従の関係に転化し、家事をし続ける側の物理的独立も心理的独立もその両方を犯すことになります。

夫が定年で帰ってきた家庭の妻の健康に着目した黒川順夫氏は近年一躍時代の脚光を浴びました。「何一つ家事をしない夫」、「相も変わらぬ支配的な夫」、「部下に対処すると同じように妻に対処する夫」などが妻の健康を著しく害しているというのです。指摘されてみれば当然のことですが、ストレッサーが家の中にいるということになるのです。それが有名になった「主人在宅ストレス症候群」＊です。その症状は、胃潰瘍、気管支ぜんそく、高血圧、慢性肝炎、脳梗塞、うつ状態などの症状になって現れるといいます。家事を侮ってはいけないのです。家事の背景には男女の対等、夫婦の共同、終わることのない「繰り返し」と「連続性」の「負の課題」が潜んでいるのです。いつの時代も「苦労を分け合う」ことは夫婦が夫婦であり続ける基本です。人生の前半は家を買ったり、子どもが小さかったり、必然的に夫婦は苦労を分け合わなければ家庭は崩壊します。しかし、これら家庭の一大事が一段落したあと、人生の後半に家事や介護の負担が女性だけに偏ったとき、「苦労を分け合う」夫婦の前提は崩れます。熟年離婚の最大原因はそこに存するのではないでしょうか。

＊黒川順夫《のぶお》『主人在宅ストレス症候群』双葉社、一九九三年、『新・主人在宅ストレス症候群』は二〇〇五年。また、関連の研究で「夫が自分と暮らしていることが死亡に繋がりやすい」（愛媛大学・藤本弘一郎グループ、一九九六～九八年の間、六〇～八四歳、三〇〇〇人調査）という結果があります。

7

母のジレンマ
――「変わりたくない男」を育てたのはだれか

「変わりたくない男」を育てたのは「母」である。やがて自分が育てた男が女としての母を支配し、妻を支配し、女の自由と対立する。それが「母のジレンマ」である。

1 「現代の踏み絵」

現代の女性はもはや男女共同参画を実践しない男を結婚の対象とは考えないでしょう。男性が、男女共同参画の感性を有しているか否かは、「現代の踏み絵」のようなものです。男女が対等であることを感覚的に理解できない男にとって、今後結婚することは極めて困難になったということです。それゆえ、農山漁村の「嫁不足」は、当該地方文化に著しく男女共同参画の感性が欠如している結果であり、男たちが長く女性を軽んじてきた「つけ」なのです。筋肉文化の特性である男性主導、男性優遇の傾向が最も色濃く残っているのが農山漁村文化だからです。そこでは日常生活のあらゆる面で、

「女性の対等」、「女性の参画」を認めてきませんでした。地域を仕切ってきた「年配の男たち」はそれが伝統であり、しきたりであると論じてきました。彼らこそが「変わりたくない男」のチャンピオンです。彼らは、若い者の頭を抑え、あらゆる意志決定過程から女性を排除してきました。地方の「子育て支援」や「まちづくり」の大会で彼らにお会いしてみると、当事者たちには現状の諸問題の原因が自分たちにあるという自覚がまったくないことがよくわかります。歴史の濾過に耐えてきた地方の伝統としきたりは、彼らにとって心地よく、絶対に間違っていないと確信しているのです。彼らには彼らの言う「歴史の濾過」が、筋肉文化の濾過であったという自覚がまったくありません。それゆえ、時には、男女平等や男女共同参画の思想にこそ問題があるのだと言いたげな気配さえ見えます。彼らには、筋肉文化の特性がすでに体質化し、もはや農山漁村の現状を客観視できないほどに「文化の毒」が回っているのです。

若者や女性が主導権を握れば、農山漁村の文化は一気に変わるはずであるといえば、反撥をまねくかもしれませんが、しかし、事態はそれだけ深刻なのです。今のままでは、農業後継者の「嫁不足」は解消不能であり、農家のお嬢さんですら農家に嫁がない背景の事情も、当分、解消することはできないでしょう。農村のむすめも、その母も自分たちを対等と認めようとしない筋肉文化は容認しません。彼女たちは農山漁村の女の現状を断固拒否しているのです。人権の時代を標榜する今日、誰がすすんで「二流の市民」に甘んじるでしょうか！

筋肉文化の論理は、程度の差はあっても、全国共通ですから、当然、都市の男たちの態度や感性も己を優越視する傾向に陥っていることは疑いありません。男を上にし、女を下に見る感性こそが、女性の「晩婚化」や「非婚化」を助長し、最終的に「少子化」にまで繋がっているのです。男女共同参画の感性や思想は、今後、男女が助け合って生きていこうとする際の男の「誓約書」のようなものです。あるいはまた、「変わってしまった女」が、「少子化」の防止に協力するか否かを決定する際に、「変わりたくない男」に突きつけた「現代の踏み絵」なのです。

2 「変わりたくない男」を育てたのは誰か

「晩婚化」、「非婚化」、「少子化」の最終原因が女性を下に見る男の感性であるとすれば、「変わりたくない男」を育てているのは誰かという問題に辿り着かざるを得ません。

総論の答は簡単です。「変わりたくない男」を育てたのは「変わりたくない男」が主導権を握ってきた文化である、と答えればすむことでしょう。文化の再生産ということです。辻村みよ子氏は、女性が抑圧された原因を、「戦前の旧憲法下の女性が参政権も無く、前近代的（封建的）な「家制度」・家父長制のもとで、父や夫に対する従属的な地位にあったことについて改めて説明することはないであろう」と言っています。しかし、筋肉文化の制度化は明治憲法に始まったわけではありません。江戸時代も、その前の時代も、女性は基本的に男性に従属していたのです。それゆえ、明治憲法も筋肉文化の〝常識〟を整理して法律の文言としただけのことです。さらに続けて、辻村氏は、女性の抑圧が続いた理由を、「問題は一九四六年の現行憲法下で、個人の尊重と幸福追求権（第一三条）、法の下の平等（第一四条）、男女平等の普通選挙権（第一五条）、婚姻の自由、家庭における男女同権と個人の尊厳（第二四条）などが保障され、「家制度」も廃止された後の、戦後六〇年後の現状にある」と指摘しています。*これもまた、今更、取り立てて驚くにはあたりません。戦後日本もまた、筋肉文化の支配下にあり、アメリカ占領軍の指導によって成立した「たてまえ」だけを掲げていたということです。法律と文化、建前と本音は、何ごともなかったかのように使い分けられていたのです。男女雇用機会均等法やＤＶ法や男女共同参画社会基本法など憲法の規定を具体化する下位法が制定されるまで、何もしなかったということです。

＊辻村みよ子『自治体と男女共同参画――政策と課題』イマジン出版、二〇〇五年、一二頁。

憲法の精神を具体化する下位法が存在せず、今になって盛んに言われている女性の地位を向上させるポジティブ・アクションも取られたこともありませんでした。筋肉文化が「法」に優先したことは当然だったのです。しかし、法や制度の整備の遅れとは別に、「変わりたくない男」を育てた責任者については、社会の仕組みと一線を画して考えなければなりません。日常の家事、育児の実態を見れば、筋肉文化の性別役割分業の枠組みの中で、好むと好まざるとにかかわらず、育児やしつけの主担当は「母」であったことは間違いないのです。それゆえ、文化の再生産を担ってきた主役は「母」であったという結論に行き着かざるを得ないのです。

遙 洋子氏はたまたま新幹線の中で会った、「障害者にすら一片の配慮も見せない誠に無神経で、高慢な男」についての感想として次のように書いています。「男性が高慢に育つ裏には、数多くの女性のあきらめがある。冷遇への、不平等への、幸せへの、そして自分の人生へのあきらめ……。女性のあきらめが多いほど立派な高慢男が完成する。もし、どこかの時点で、妻が戦っていれば、もう少しマシな男性になったのではないか。*」彼女の感想はほんの一部だけ正しく、大部分は間違っているといえます。しつけ論や教育論をいうまでもなく、無神経で自己中の高慢男を育てたのは「妻」ではなく、彼が幼少であったころの「母」です。高慢男に妻がいるとすれば、「妻」にそのような男を見抜く目が備わっていなかった、ということはいえるでしょう。しかし、妻にそのような高慢男と戦えということは、酷であり、危険でもあります。「障害者に一片の配慮も見せない」高慢男は、粗野で暴力的な筋肉文化の「申し子」です。その「申し子」とひとりで戦えということは、下手をすれば、妻はＤＶの対象になりかねないのです。男女共同参画の法が整備されつつあるといっても、男女の筋肉差がなくなったわけではありません。「力ずく」では女は男に敵わないのです。

*遙 洋子『働く女は敵ばかり』朝日新聞社、二〇〇一年、二三二頁。

3 母のジレンマ

「妻の位置」「母の立場」が「夫の位置」「父の立場」にくらべて〝アンフェア〟であると主張したのは当然女性です。既存の文化が規定した「性別役割分業」への異議申し立てがその根本にありました。しかし、同時に、自立の道を辿ろうとしている「息子の嫁」に、息子に仕えることを要求し、「嫁姑」の確執を引きずってきたのは「母」ではなかったでしょうか？　無数に存在する「嫁姑」問題の参考書には、息子を所有して嫁と「戦い」続ける「母」の姿がはっきりと見えます。そうした「強い母」のもとで、母の支配と「親孝行」の建前のまえに立ち竦んでいる「夫」に「マザコン」や「主体性の欠如」を見ている嫁のなんと多いことでしょうか！　嫁姑問題を取り扱った本には、自立しようとする「妻」の、息子や自分への「服従」を要求する「母」に対する怒りの言葉が満ちています。また、いつまでも「母」の支配から自立できない「夫」への恨み節も満ちています。個の尊重を謳い、男女共同参画に賛同しながら、我が息子だけは「例外」として、所有し、支配してきた張本人は「母」なのです。男の子に家事や育児の分担をしつけることなく、既存の仕組みの中で、男の優越を教え続けた主役も「母」ではなかったでしょうか。しばしば巷間に聞くように、台所に立つ息子を「不甲斐ない」と断じるのも母です。妻に代わって子どもをおんぶしている息子に哀れをもようして「ため息をついている」のも母なのです。それは母のジレンマと呼ぶべきものかもしれません。既存の文化が定義する「男らしい男」を育てることが、将来、自らの「女性という性」に敵対することになることは、近代の日本の母が等しく直面したジレンマだったのです。

かくして多くの母が、公的には、社会の各分野で男女の平等を主張しながら、私的領域においては「変わりたくない男」を育て続けました。公私の領域において自分を使い分けた母の矛盾は息子たちが男女共同参画の感性や思想を獲得する際の大いなる妨げになりました。母は家庭における息子の男女対等の感性の「社会化」にしくじり、廻り回って、「晩婚化」と「少子化」の結果責任を負うことになったのです。私的領域の人間関係は、現代の母が、男女共同参画の建前と伝統的家を守る本音を使い分け、触れずにすまそうとしてきた結果です。しかし、今や、結婚できない息子が大量に発生し、結婚しない娘がこれまた大量に発生しています。母と子の人間関係のあり方に、男女共同参画を軸とした新しい答を出さなければならないときがきたのです。

多くの母は、外がどのように騒ごうと、「男女共同参画社会基本法」の法律までできようと、私的領域への男女共同参画思想の導入は可能な限り「延期」してきました。夫とも妥協してきました。家庭内のもめ事は子どもを不幸にし、自分を不快にするからです。しかし、時代の宿題を延期しようとすればするほど、矛盾は先鋭化します。子育てでも、家事でも、介護でも男女が共同しなければ、「変わってしまった女」と「変わりたくない男」の衝突は不可避だからです。

母のジレンマは今や「母の不決断」となりました。現代の母もまた「男女共同参画の母」とならない限り、嫁と姑の確執をますます助長し、引きずることになります。老夫婦だけが残された老いの日常において、我慢して積み上げてきた夫との妥協は「主人在宅ストレス症候群」となっておのれをさいなみ続けることになるでしょう。息子を家事から免責する発想に立った時から「母のジレンマ」はすでに始まっていたのです。みずから蒔いた種だと言えば酷に聞こえるでしょうが、「母のジレンマ」には息子世代の結婚難や少子化に対する責任が含まれていることは否定できないのです。

「変わりたくない男」を育て、それを支える文化を再生産し続けた主役は当然「筋肉文化」でした。しかし、「助演女優賞」に〝輝いたのは〟「母」だったのです。人生が平均寿命八〇年時代に突入して、向老期の母は、自らの夫婦関係にも新しい答を出さなければならないのです。

8 姑はなぜ嫁をいびるのか?

嫁と姑の対立の原因は「所有の子育て」にある。嫁は終生、母の息子に対する「所有」を脅かす侵略者である。両者の対立は「家制度を支える思想」と「子宝の風土の子育て慣習」が生み出した宿命である。

1 家と家との結合

嫁は「新入り」であり、「侵入者」であり、姑の領域の「侵略者」です。嫁姑の確執の根幹は家制度であり、制度が廃止された後も、家制度の観念と感性が脈々と息づいていることが最大の原因です。日本の結婚式はたいていの場合、「両家」の親族が揃って顔合わせをします。結婚式は本人二人の婚礼であると同時に、家と家との結合の儀式だからです。新郎新婦とどんなに親しくても友人たちは披露宴まで待たされるのが普通です。友人たちは両家の結合には関係しないからです。日本の婚姻は、建前は「両性の合意」による、となっていても、実態は大いに異なっているのです。「嫁」も「婿」も結婚式を通して相手側の「家」に入ることになるのは明らかです。両性の合意による結婚であるなら、女は「妻」で、男は「夫」でいいはずですが、「嫁」や「婿」という言葉が現役で通用しているのは「家の観念」が現役だからです。「嫁」の概念を拒否するためには「家」の観念を拒否しなければならないのはそのためです。嫁姑の確執を書いた本には必ず「家風」「先祖代々」とか「本家」「分家」とか「家の付き合い」「わが家の墓」「後継ぎ」「何代目」などといった言葉が出てきます。嫁であることを拒否し、姑との確執を避けようと思うのであれば、これらの言葉も拒否しなければなりません。日本の「家文化」が女性に父や夫への従属を強いたことは明らかなのです。さらに、その家を実質的に守ったのは母だったのです。筋肉文化の掟の下で母は家の「守役（家守）」となったのです。その点において、彼女は権力者の代行を務めたのです。いわば、家を守る「代官」だったのです。その母がやがて姑となった時、姑は年季を積んだ正真正銘の権力者に成長します。時に「代官」は「悪代官」になるのも仕方のなかったことでしょう。「家」は彼女の言動によって左右され、時に代表され、嫁に「家」への適応を迫ることになるのです。「家」への適応とは、嫁が姑に従属するということです。このような現象は、長幼の序の関係に似ています。姑は嫁の先輩だから長老と新人の関係と同じものです。家制度への組み込みと長幼の序が合体すれば、姑の支配権は強力です。嫁は「新入り」であるとともに、家組織への従属が要求されるのです。「新入り」の自己主張や抗議の権利は原則として認められません。嫁が主体性を持てば、衝突は避けられない道理です。

一方、欧米の若い人々は基本的に結婚式と披露宴を分けません。新郎新婦を支える人々は結婚式にも披露宴にも出るのが普通です。このことは、欧米の結婚には「家」の枷《かせ》がないということを意味しています。したがって、嫁姑の確執も比較相対的にはるかに少なくてすんでいるのです。

2　所有の子育て――「子離れ」、「親離れ」の遅れ

上記の通り、筆者も、嫁姑の確執には慣習上の「家」制度、長幼の序の観念が最大の原因だと思います。しかし、もう一つ見逃してはならない心理的要因があります。それが家制度から派生する母の子育て心理です。それを「所有の子育て」と名づけました。

法の上では、嫁を抑圧し、確執の主要原因と考えられてきた「家制度」が改正され、半世紀以上が経ちました。結婚は「両性の合意」によるという考えも人々の間に広く浸透しています。それにもかかわらず「嫁姑」問題は延々と続いているのです。確執の原因は「家制度」の慣習上の残存だけではないということです。また、結婚は「両性の合意」によるという個人を重視した婚姻の制度の確立も両者の確執の解消にはなっていないということです。

図書館の本棚を見ても、インターネットの「嫁姑問題」の検索をしても、両者のさまざまな確執とそれに対する助言が並んでいます。なかには感情や憎しみを丸出しにした両者の言葉がならんでいます。姑の息子に対する愛情やいらだちがときに異常であるように、嫁の夫に対するいらだちも異常に感じます。息子であり夫である男は両者に挟まれて〝棒だち〟〝逃げ腰〟であるのも特徴的です。

嫁と姑が感情的・心理的に対立する背景には、家制度観念の残存や長幼の序の伝統に加えて、母による「息子の育て方」があると思います。もちろん、二人の個人が対立する背景には、世代間の生き方の違い、価値観の違いも関係があるでしょう。息子に対する母の過大評価ということもあるでしょう。しかし、そうした副次的要因はどの文化にも、どの風土にもあることでしょう。

それゆえ、筆者は、外国と最も特徴的に異なっている「子宝の風土の子育て」に着目しました。これまで日本人の養育行動の「特性」に関しては、いろいろな表現で言われてきました。「過保護の子育て」「母子密着の子育て」「家を前提とした子育て」などが一例です。しかし、最も特徴的なことは、母が息子を心理的に所有していることです。嫁姑の対立を調べていくと、嫁の存在に対する姑の恐怖と被害者意識に辿り着きます。被害者意識の発生理由は、母の側からの「息子の所有」であると判断しました。日本文化において、母が子どもを（特に男の子を）情緒的に所有してしまう養育行動が「所有の子育て」です。息子への心理的「所有感」があるからこそ、嫁によってそれが侵害されるという恐れを抱かざるを得ないのです。

明確な証拠は出せませんが、「所有の子育て」とは、乳児期の「母子の距離」が密着している養育姿勢は傍証の一つでしょう。母の「子宝」に対する献身と保護の感情もその一つかもしれません。また、男の子（特に長男）に対する差別的な特別扱いや思い入れも、母の所有感を増幅しているかもしれません。男の子を産んだ誉れが母に帰属することとは伝統が認めている感性です。家制度が消えたあとも、男の子が「家」に帰属するという感情や観念が残っていることもまた間違いないでしょう。

「所有の子育て」論は、観察と分析による推定です。上記のような子育て慣習を通して、母が息子を心理的に所有し続けているという仮説が正しいとすれば、姑の嫁に対する被害者意識の説明ができます。一言でいえば、嫁の到来によって、母による息子の「占有」が犯されるということです。特に長男については家制度観念との関わりで、母の息子に対する「所有」の感覚が極めて高いのです。「家」に帰属した母はやがて「家の主人」となる息子を家と同一視します。同一視とは、家を見るように息子を見るということです。自分が守ってきた「家」も、その家を守ることになるであろう息子も自らの人生の「証」になるのです。母はその証を他所から来た女に勝手にさせるわけにはいかないのです。母にとって「家」も、「息子」も自身の一部であり、延長なのです。どんなにいい嫁であっても、よそ者は自分の「家」にも、「息子」にも帰属させないのです。当然、帰属しないものを受け入れるわけにはいきません。「核家族」の選択も、「ばば抜き」の要望も嫁の側からの古い「家」との訣別宣言であったことはいうまでもありません。それでも日常の慣習では、墓から先祖の供養まで日本人の生活は家に帰属し続けてきました。嫁姑問題は循環します。新しい母もまた家を代表する息子を所有し続け、母の息子への呪縛は続くのです。嫁姑の問題に、主体的で、断固たる息子が登場することは極めて少ないのはそのためです。息子は母に所有され、基本的にマザコンです。息子の多くは、妻をかばって母に「妻のやり方に干渉しないで！」とは言えません。多くの母は「子離れ」ができず、妻に傾いた息子を恨み、自分と息子との仲を裂いた嫁を憎みます。

このとき、息子は情に流されて、母の嘆きには勝てません。母を捨てて妻の側につくことができないのはそのためです。彼は彼で、結婚後ですらも「親離れ」ができていないのです。母は息子を所有し、息子は中途半端に、妻と家と母の三者に帰属しているのです。嫁姑の確執が解けないのも当然ということです。どんな参考書を読んでも気持ちのもち方が書かれているだけで、気休め程度の参考にしかなりません。当事者の溜飲を下げるために、読みたい所だけを読み、聞きたい所だけを聞くのが関の山です。お互いの悪口はどの本にも、インターネットにも山ほど出ているのでどうぞご参照下さい。両者の争いを緩和するためには母が「家」を捨てるか、息子を別の女に「くれてやる」かしかないのです。それでもどっちつかずの息子は「オレを育ててくれた母の立場も考えてくれ」などと妻に言うので妻の怒りは絶頂に達するのです。その妻が年をとって再び同じことを繰り返すのですから呆れますが、それこそが文化の宿命なのです。

かくして嫁姑の確執は、家制度観念の残存という点からも、「所有の子育て」慣習という点からも、日本文化の宿命とでも呼ぶべき究極の課題です。日本における上記の文化風土が変わらない限り、根本的な解決の方法はないといわなければなりません。

3　息子の「妻」は、あくまでも「嫁」

姑にとって息子の妻は、心情的に息子の妻である以上に、家にもらった嫁なのです。姑にとって嫁は、自分の支配下にあるべき存在なのです。実質的に、家を宰領する代表者は母であり、家内取締り役なのです。この感情は母だけのものではありません。おそらくは、息子の場合でも母と同じように、自分の妻は、「自分の妻」であると同時に「わが家に来てくれた嫁」という意識が強いのです。憲法では「両性の合意」による結婚と謳っていますが、事実上は、息子の胸の中には「両家の合意」が実在し、「妻に期待する言動」と「嫁に期待する言動」が分裂しているのです。それゆえ、彼は家族内のもめ事や対立場面において、家宰である母の手前、常に妻の側に立つことができないのです。家制度がなくなった後も、家の観念が残存している以上、「妻」を「嫁」に留めなければならない事情が、母にも、息子にもあるのです。妻もまた日本の慣習に従って家のことを考えないわけではありませんが、現代の多くの女性の建前となる前提は、あくまでも両性の合意に基づいた結婚なのです。私は「嫁」ではない、「妻」であるという自覚を持つ女性にとって、姑のわが夫に対する所有の意識や、妻と母との間で右往左往している夫の言動が許しがたいのはそのためです。最近では、「自分は嫁」ではない、「妻」であると自覚した女性の中に、家族の軋轢に耐えかね、自分を妻として認めたことのない姑や夫とは同じ墓に入りたくないという考えが出てきました。お墓の業界では「あの世離婚」と呼びます。「あの世離婚」こそは、自己決定を学んだ女性の側の、「妻の立場」を認知せよという強烈な叫びです。

一方、姑の視点に立てば、「家の嫁」の立場を忘れて自分を主張する「息子の妻」は、「家」への献身を優先せず、姑に対する尊敬と礼節を欠いた無礼な存在になります。しかも、「妻」の立場を強調することによって、母に向けられていた息子の愛情と信頼を奪い去り、母に寄せられた息子の信頼と依存を脅かす存在なのです。

姑が許せないことは、「息子の妻」もまた姑の存在自体を自分たち夫婦の愛と信頼の障害条件であると受け取っているということです。客観的な実態は、お互いがお互いの邪魔になっていて「お互い様」なのですが、姑にとっては、「家の嫁」を迎えたにもかかわらず、あたかも「お邪魔虫」のように認知するとは何ごとか、という思いなのです。世間でいう「ばば抜き」の評価は十分わかっているからです。

4 永遠の所有

今の姑はすでに「家制度」が崩壊した時代に生きてきました。また、「ばば抜き」の標語が一世を風靡した時代に青春時代を送った世代です。それでも嫁姑の確執が続いているというところに文化の根深さ、子育て慣習の影響の大きさが反映されていると考えるべきでしょう。息子の妻は「二人の生活」だけを考えたいのですが、姑はそれが許せないのです。息子は何時も妻と母との間で「どっち付かず」なのです。

妻にすれば、息子が「マザコン」なのは「母」がしむけているからであると考え、母は、反対に、息子を自分から離反させようとしているのは嫁の陰謀であるという思いが強いことでしょう。両者は両者をともに許せないのです。姑が嫁と争うのは息子の心理的、物理的「所有」を主張する結果です。妻は夫を自分の配偶者だと思っていますから、夫の愛情も、配慮も、時間も、いたわりも自分に向けられて当然と思っていることでしょう。当人同士の合意による結婚ですから、妻の感情は論理的に何も間違っていません。これに対して姑は、「子宝」を育んだ風土の「掟」に照らして、母である自分に息子が忠誠を尽くすのは当然だと思っているのです。なぜなら、彼を守り、彼に尽くし、彼の世話を焼いて、今日まで育てたのは自分だからです。息子の心理的所有は永遠なのです。母には両性の合意による結婚の意味がわかっていないと切って捨てることは簡単ですが、問題の根源は、日本文化の子育ての思想と実践に根ざしているのです。どこの国の母も息子を育てたという点では変わらないのに、文化によって嫁姑の関係が異なるのは、「家の観念」と「息子の所有」にあると考えざるを得ないのです。

5 「子宝の風土」の母子密着

最近でこそおんぶの風景を見ることは少なくなりましたが、日本の子育てはおんぶにだっこに、添い寝に添い乳と言い表されていました。養育行動においてすでに心身ともに母子が密着しているのです。親子が水入らずで「川の字」で寝るのは安心と安全の象徴的表現です。だからこそ、子どもとのスキンシップは十分以上に保障され、逆に、「母子癒着」の弊害が指摘され、「母原病」が問題になるのです。

「お腹を痛めた子だから」と母親が子どもに対して抱く感情は並々ならぬものがあります。しかも、世間は「子宝」として子どもの存在を最も尊びます。実際に自分の体の中にいたわけですし、自分の子どもが自分の分身であると思えば、子どもの保護が親の使命と生き甲斐になりがちなのも了解できるでしょう。加えて、「宝」を守る子育ての方法は、奉仕と献身の情を伴った母子密着型の養育となれば、過保護・過干渉に傾くのも頷けるというものです。結果的に、「子宝」に対する愛情や保護は、社会的な指導や抑制力が強く働かない限り、必ず「四つの過剰」を発生させます。「四つの過剰」とは、養育プロセスにおける「世話の過剰」、「指示の過剰」、「授与の過剰」、「受容の過剰」です。要するに、何から何まで世話のし過ぎ、指示の与え過ぎ、ものの与え過ぎ、子どもの言うことの聞き過ぎなのです。母子密着型の子育ては、親の過保護、子どもの過剰な親依存にならざるを得ないということです。母の過保護と子の母に対する過剰な依存の関係こそが「所有の子育て」の原因です。しかし、やがて子どもは成長します。子どもを自立させるためには、どの親子も、密着した関係、強力に相互依存した関係をどこかで断ち切らなければなりません。子離れと、親離れが重大問題として浮上するのはこの時です。母の側においても、子の側においても、十分な心理的自立ができていないことこそ、嫁を「所有の子育て」への侵略者として見ざるを得ない背景です。この国の嫁姑の確執は、今後当分、続くと思わなければならないのです。

9 女性の沈黙——間接表現文化の自己規制

男女共同参画社会基本法の時代が来ても、多くの女性はいまだにものを言わず、ものを言えない。女性の沈黙の背後には文化の掟があるからである。「秘すれば花、秘せずば花なるべからず」は日本の表現文化を支配した原理である。男女ともに、控えめは美しく、直接的な自己主張は美しくない。「言わぬが花」で、「聞かずもがな」である。なかんずく、世間に「ことあげする」女は疎まれる。文化を変えるのは容易ではない。

1 女性の自己主張は「美しくない」か!?

女性が、社会的かつ文化的に自らの発言を封じられる状況は二種類あると考えられます。第一の状況は、男性及び男性支配のシステムが女性の発言を抑制したり禁じたりする場合です。「女は引っ込んでろ」「女はだまってろ!」「女は口を出すな」「女の出る幕ではない」などがその典型です。女性が人生の意志決定に参加することは、男性に比べて、もともと少ないのですが、仮に、発言の機会があったとしても、男性による禁止や制止はたびたびあります。発言の禁止は、あからさまな男性による女性の抑圧です。

これに対して第二の状況は、女性自身が自らの発言を自己規制してしまう場合です。後者は女性自身（必ずしも女性に限りません）が、日本文化の期待に応えて「控えめな女性」、「奥ゆかしい女性」、「遠慮がちな女性」を演じる時です。ここでは第二の状況を分析します。すなわち、日本人の沈黙、とりわけ女性の沈黙は日本文化の「掟」の結果であるということです。文化は、女性の立居振舞から発言の仕方まで言動のすべてを抑制しているのです。日本文化において、直接的な自己主張は、男女ともに基本的に「美しくない」ものです。女性にとっては、「男支配の文化」と「間接表現の文化」が、二重の意味で、女性の発言を抑制しているのです。

2　文化の物差し――「間接表現」の掟

日本の文化は「慎ましさ」を礼賛し、「控えめ」を推奨しています。「能ある鷹は爪を隠す」というのが「望ましい人」の行動原理を代表しています。己の才を誇ってはならないということです。似たようなものに「実るほど頭を垂れる稲穂かな」があり、「下がるほどその名は上がる藤の花」があります。功績をあげた人、美しき人は「謙虚」だからこそその美徳が一層輝くのだ、という意味です。

また世間の忠告としては「出る杭は打たれる」というのがあり、「言わぬが花」という助言もあります。これらは人々が許容する以上の自己主張をしてはならないという戒めです。言動の「節度」の重要性を説いています。いずれも日本人の言動を規定している「文化の掟」です。文化の「掟」ということは長い歴史の選択に耐えてきた言動の「心理的規範」であり、美的「基準」なのです。この「基準」は普通のしつけを受けた日本人を拘束し、文明が進化しても、暮らしの仕組みが変わっても、男女の共同が推進されても、一朝一夕に変わるものではありません。

要するに、日本では、自己主張の抑制は「美しいこと」であり、謙譲は「美徳」であり、遠慮がちや控えめであることは「奥ゆかしい」ことなのです。こうした原理を裏側から読めば、率直に利害を論じ、意見を言い、自己を主張し、己を誇り、才を表すことは美しくないばかりか、文化の原則に反する望ましくない一種の「悪」なのです。それゆえ、男女共同参画に関する女性の主張が「望ましくない一種の文化的悪」と受け取られたことも明らかでしょう。世間に対して「ことあげする」女は疎まれるのです。男女平等、男女共同参画の実践者や運動家が、女性の中でさえも「浮いてしまう」理由がここにあります。日本の表現文化の基準に照らして「美しくないこと」をあえてやらなければならなかったからです。

筆者も経験上、自己主張が強く、己を誇る人々が会議や組織体の意志決定プロセスをかき回してきた事実を知っています。社会教育における多くの人材活用事業やボランティアの集まりで我が物顔に振る舞う自己主張型の人物のために、だんだん周りの人々が引いていってしまう現象も見聞しています。

日本人の多くは他者から促されない限り、意見を言ったり、自己を主張することは稀なのです。司会者が大事なのはそのためです。周りの方々は、「声の大きい」、我の強い言動に眉をひそめることはあっても、なかなか面と向かって相手を窘《たしな》めることはしません。直接的に窘めることもまた自己主張の一種になるからです。

人々は、相手がその場の空気や参加者の反応を読んで、自ら「察し」・「気づく」ことを待っているのです。直接的に「窘めること」が直接表現の文化であるとすれば、相手が気づくことを待っているのは「間接表現」の文化といっていいでしょう。

日本人は、他者の「察し」の能力に期待し、言いたいこともぼかし、主張すべきことも遠回しにしか言わない間接表現の文化の中に暮らしているのです。*

*三浦清一郎「日本型コミュニケーションのジレンマ」大中幸子編著『日本の自画像』全日本社会教育連合会、一九九二年、一五九〜一八四頁。

対照的に、筆者が体験したアメリカ型の表現は「直接表現の文化」です。直接表現の文化は、文字通り表現の直接性を尊びます。率直な表現、正確な表現、論理的で華麗な表現が歓迎されます。この文化においては、個人の自己主張・自己表現は、ほとんど大部分「正当」であり、表現は原則的に「善」であると受け取られます。自己を主張し、議論を戦わすことは基本的に「推奨され」ます。それゆえ、人々はためらわずに意見を言い、率直に要望を主張します。男女の区別は基本的にありません。「主張」することが「はしたないこと」ではない以上、男も女も「欲しいもの」は欲しいと言い、

「反対のこと」には率直に反対します。「表現」の意欲や形式が「文化」によって制約されることはないのです。人々は、当然、自分を豊かに表現することにも、自分を明確に主張することにも工夫を凝らします。日本の文化が「わかってもらうこと」に高い価値を置くのと対照的に、アメリカでは「わからせること」が重要なのです。それゆえ、人々は論理と言い回しを工夫し、ディベートやスピーチの技術を磨き、自分の思いをどう伝えるかという「プレゼンテーション（提案・発表）」に心を砕くのです。

3　日本文化における人材発掘、協力者の募り方

日本人の言動が「間接表現」の文化に重大な影響を受けているという前提に立てば、自分から「手を挙げる人」は、積極的である反面、「我が強い」「厚かましい」「図々しい」傾向にあり、総論的にあらゆる共同事業にとって「あぶない」のです。自ら進んで「手を挙げる」ことは、欧米流の直接表現の文化に照らせば、積極的、主体的、自主的というようにおおむね好意的に評価されることでしょう。しかし、間接表現文化の中では、「自分に拘り過ぎて、協調を知らない」ということになりかねないのです。日本文化は「控えめ」であることを要求し、己を抑制せよ、と教えているからです。ためらいなく「手を挙げる」ということは文化の禁止事項をあえて無視して自己を表現するということです。間接表現文化にとって、欧米型の民主主義思想に基づく「自主性」や「主体性」は必ずしも歓迎されるものではないのです。

福岡県宗像市の「むなかた市民学習ネットワーク」事業は、市民による市民のための生涯学習の教授システムです。さまざまな領域の知識・技術を、市民が市民に教える相互学習のシステムです。この事業における教授者は「有志指導者」と呼ばれます。「有志指導者」の発掘と登録にあたって、企画を担当した筆者は、指導者の発掘にあたって行政広報を活用した公募方式に頼ることを控えました。理由は二つあります。

第一に、公募による呼びかけでは、「能ある鷹」を見つけることはできません、この方々は「爪を隠して」いるからです。直接的な呼びかけをしても自分から名乗り出ることはありません。「控えめ」な人々は「控えめであること」が「美しいこと」だと信じているからです。どんな形であれ、自分が自分の能力を「申告」するのは、間接表現文化の掟に反しているからです。「実るほど頭を垂れる稲穂かな」です。それゆえ、ボランティア市民教授の発掘は第三者による「他薦制」を厳守したのです。家族の推薦も認めませんでした。

第二に、素人先生が市民の共感と同意を得るためには、本人の言動が日本文化の基準に叶っていなければなりません。「控えめ」も「奥ゆかしさ」も共感の原点であることはご理解いただけることでしょう。

事業開始から二五年、「市民学習ネットワーク事業」はさまざまな困難を乗り越え、現在も年間五万人を超える学習者を要する宗像市最大の学習システムになりました。明らかに「第三者推薦制」によって選ばれた「有志指導者」は、一般市民の眼鏡にかなったすぐれた人財であることを証明したのです。基本的に、謙虚で自己主張を抑制できる人々は、対等の位置に立つ市民学習者に受け入れられ、相互学習は立派に機能し、事業は発展的に継続しているのです。

宗像市の成功を踏まえて、筆者は後年、福岡県京都郡豊津町（現みやこ町）の「豊津寺子屋」事業*においても、子どもを指導する「有志指導者」の発掘・推薦にあたっても同様の第三者推薦方式を採用して成功しています。アメリカのような「直接表現」の文化の国では「手を挙げていただく」募集方式でもなんら問題はないでしょう。しかし、「控えめ」を尊び、「謙譲」を美徳とする文化では、そもそも人々は「手を挙げません」。うっかり「手を挙げる」ことは、己の能力を誇る自己宣伝と取られかねないからです。己の誇示や主張は日本文化の「謙虚」の基準からはずれるのです。「手を挙げる」ということは自分の意志表示であり、自己表現です。それゆえ、ボランティアでも、有志の指導者でも、単純な公募方式では「出たい人」より「出したい人」を発掘することはできないのです。

*現福岡県みやこ町の住民と行政の協働事業で放課後及び休暇中の児童の保育と教育を住民指導者が行う事業。指導は毎日、指導場所は三つの小学校、現在五年目、一〇〇名以上の「有志指導者」がチーム制・交替制で指導にあたっている。

それゆえ、日本型ボランティアの募集には、己を誇り、我が強く、傍若無人の「自己主張型」の人物を排除する工夫が必要なのです。厚かましい、口先だけの「自己主張型」の人物を排除するためには、絶対に「手を挙げさせない」工夫が不可欠です。「手を挙げさせない」ためには、「直接的に募集しない」ことです。宗像市も豊津町も、当該事業の計画立案に関わってきた第三者の方々を中心に候補者の推薦をお願いしました。人財発掘の「他薦方式」と名づけています。

二つの事業の関係者の感想を総括すると、結果的に、「他薦方式」は「おれが、おれが」の人物群を排除することに成功しました。「図々しい人」も「厚かましい人」も「聞いて、聞いてのめんどい人々」も、第三者の推薦からは上がってこなかったということです。企画者が予想した通り、住民は住民仲間をよく見ているということになるでしょう。文化が掲げる価値は日常の人物審査基準です。「他薦方式」の募集作戦は人財の濾過装置として候補者の選別にほぼ成功したのです。「でしゃばり」や「おせっかい」や「いい格好し」や「口ばかり」は、推薦者が身につけた日本文化の物差し・基準に合格できなかったのです。「被推薦者」の名簿一覧を見て、実行委員会のみなさんは〝やっぱりね〟とつぶやいたものです。

宗像市の事業も、豊津町の事業も、実行委員会が想定した通り、ごく少数の例外を除いて大部分の「被推薦者」は「慎み深く」「控えめ」で、「己を誇らず」「遠慮がち」で、「自分のような者は期待されている任に堪え得ない」とおっしゃったのです。事務方の担当者は何度も頭を下げ、時には何度も足を運んで懇願の上、指導の了承をいただくことも多かったのです。最終承諾をいただいた時ですら「私のような者で本当にいいのでしょか?」「本当に務まりますか?」等とお尋ねがあった、ということでした。実際に事業を展開してみれば、そうした「ためらい」や「遠慮」を見せる方々こそが、熱意と誠意を持って責任を果たし、約束を途中で投げ出したりすることはありませんでした。日本文化においては、「慎み深い」人々こそが頼りがいのある真の戦力になることが多かったのです。「ためらい」も「遠慮」も、「謙譲」や「まじめ」を尊ぶ日本文化が人々に要求した言動の基準だったのです。

後になって考えてみると、第三者による「推薦方式」は「推薦」の「目利き」がよかっただけではなく、「推薦者」と「被推薦者」の双方に人間関係の心理的圧力が働いたことも明らかでした。「推薦者」は自分の「目利き」に誤りがないように推薦に慎重を期したはずです。「推薦者」は「わたしが推薦したのよ！」ぐらいのことは相手に伝えたかもしれません。「被推薦者」は何をやるにしても推薦してくださった方の「お顔に泥は塗れない」と感じたことでしょう。任務を引き受けるにあたっての「ためらい」の原因の一部はそこにあったかもしれません。しかし、いったん引き受けた後は、「推薦者」と「被推薦者」の人間関係が責任感や熱意を保証したことは疑いありません。

4 「間接表現」文化のブレーキ

ところが二つの事業で「有志指導者」の発掘を成功に導いた間接表現文化の特性は、ひとたび場面を変えると、男女共同参画における女性の意見表明や主張に厳しいブレーキをかけることになるのです。「能ある鷹は爪を隠す」とは、「意見があっても言わない方がいい」という教訓になるからです。「間接的」に表現しなさい、という「文化の掟」は、遠慮を推奨し、あからさまな自己主張を嫌います。「謙譲の美徳」は、「自己を誇らないこと」「控え目であること」「慎み深いこと」を要求します。自己の抑制こそが「奥ゆかしい」ということになれば、文句も不満も抗議も要求も我慢することになります。「奥ゆかしさ」を尊ぶことも、事と次第で大いに問題になるのです。

文化が要求する「間接表現」とは、時に「遠回し」に言うことであり、「ぼかして」言うことであり、「全部を言わない」ことであり、最終的には相手の気づくのを待って、結局「何も言わない」ことでもあります。要するに、間接的に言うとは、直接的な表現を抑えるということであり、表現や主張を控えるということになります。もちろん、「表現を控える」ということは自分の言いたいことも言わない、ということです。

日本文化の物差しに従えば、ストレートにものを言うことは、往々にして「美しくなく」「がさつ」であり、「非礼」なのです。すなわち、「悪」なのです。たとえ言わんとすることが「正しいこと」でも「本当のこと」でも、あるいは「当然のことでも」、直接に主張したり指摘することは多くの人の眉をひそめさせることが多いのです。日本人の多くは「そこまで言わなくてもいい」とか「このような時に」とか「こんな場所で」とか「わかり切ったことを」とか感じるのでしょう。直接的な主張はどこか「はしたない」という思いがつきまとうのです。主張して当然のことについても多くの人が自己主張を控えるのはこのためです。会議や交渉ごとで「声の大きい」方が勝つのも周りが自分の主張を抑えて遠慮するからです。もちろん、「声の大きい」人々が嫌われるのも間接表現文化の原理にはずれているからです。どのような主張であれ、「自己主張」は「図々しくて」「はしたない」という日本文化の美学が人々の言動を左右しているのです。

このように間接的表現文化の特徴は、表現する側の自己「抑制」の機能とそれを受け止める側の「共感」と「察し」の能力にあります。したがって、ブレーキの利いている表現はおおむね「善」であり、逆に、自由で、率直で、正直で、直接的な表現は、おおむね「悪」と判断されます。日本文化における「抑制」の要求はひとり言語的な表現にとどまらず、さまざまな領域の具体的な行為・行動にまで及びます。抑制すべき対象は表現に限らず、人間の全欲求だからです。

5　もの言えぬ女性──もの言わぬ女性

表現は人間個々人が行うものである以上、個性であり、それぞれの主張を含まざるを得ません。ところが「謙譲の美徳」を基調とする「控えめで」「慎ましい」文化は、そうした個性や主張をも「言わぬが花」だと言っているのです。個性が個性であるためには表現されなければなりません。同じように、主張が主張となるためには主張されなければなりません。ところが表現を抑制することが美しいという文化に立てば、個性と主張もまた抑制されなければなりません。

誰もが思い思いの人生を生きたいと願っていることを前提にすれば、みんなが表現を求めていることになります。ところが日本文化は、この表現欲求に抑制のブレーキをかけるのです。結果的に、「主張」と「表現」の間に緊張関係が生み出されます。簡単にいえば、「主張」はしていいが、「直接的には」するな、というルールがそれです。

このとき、社会の表舞台に立ってきた男性には、「間接表現」ではあっても表現の機会も、自己主張の機会も与えられました。一方、社会の表舞台に立たなかった多くの女性には「間接表現」も何も、およそ表現の機会そのものが与えられなかったといっていいでしょう。「女はだまっていろ！」「女は引っ込んでいろ」がその象徴でした。このように女性は二重の意味で表現の抑制圧力を負ったのです。

一つは男支配の筋肉文化の中で表舞台に立つことの許されなかった抑制、もう一つは一般論として「慎ましいこと」は「美しいこと」だという文化の抑制です。女性は、直接的であれ間接的であれ、主張や表現の機会そのものが剥奪されていたのです。

6 〝秘すれば花〟

間接表現の原点は「秘すれば花」に象徴されています。「秘すれば花、秘せずば花なるべからず」*は世阿弥の名言です。「花は見る人の心に珍しきが花なり」ともいっています。**ものごとは秘められているからこそその魅力がにじみ出るという指摘です。才ある人のゆかしさも、美しき人の美しさも、恋文の切なさもそれぞれの主張をほどほどに抑えているところにある、というのです。かくして日本の芸術は「陰影」を礼賛し、抑制を賞賛し、言外の言を読み取る「察し」を前提にしてきたのです。その背景には、文化の称揚する「謙譲」の美徳があり、その美徳を守らねばならぬ故にものを言わず、主張をしてこなかった多くの女性の抑圧された主張があったといっても過言ではないでしょう。才が才を誇り、美しさが美しさを主張し、恋文が節度を失ったときには、それぞれその価値や資格を失うことになるとすれば、多くの女性は言うべきことも言わずに飲み込んで生きたことでしょう。

*世阿弥『風姿花伝』（野上豊一郎・西尾実校訂）岩波文庫、一九五八年、一〇三頁。
**同上、九四頁。

「秘すれば花」は女性にとって自己主張を飲み込んで、「耐えるが花」と同じ意味だったに違いありません。現時点ですらも、間接表現の許された男性と違って、女性は主張する場や舞台そのものを与えられず、しかも、主張すること自体が「美しくない」と言われているのです。女性の沈黙の意味を読み取り、我慢を「察して」くれる男性に巡り会うことはまさに天運としか言いようがなかったことでしょう。

特別な状況を設定して、女性の発言を促し、女性の自己主張を奨励した各種の男女共同参画会議の設置は、会議が目指した「政策の検討」という目的とは別のところで、「文化が要求した自己規制の封印を解く」という大きな役割を果たしてきたのです。

10

筋肉文化の「毒」——目をつぶってきた「傷害罪」

ＤＶは実質的に傷害罪である。メディアがＤＶに沈黙しているのは報道を男たちが仕切っているからである。ＤＶを傷害罪にしないのは筋肉文化の最悪の偏見である。

1　文化の自己過信

正しいと信じて疑うことをしなければ、改善はあり得ないでしょう。反省がなければ、変革はあり得ません。己の正義を信じて疑わないこと、それが文化の独善です。それが「文化の毒」です。かつての中国文明がおのれを「中華」と称し、周囲の国々を東夷—西戎—南蛮—北狄と呼んで蔑み、差別的な取扱いをしたように、文化は必ずその胎内に自己中心的な「毒」を発するようです。アフガニスタンのタリバンの女性に対する信じがたい差別的処遇も同じです。「筋肉文化」を生きた男性もまたおのれを育てた文化を疑うことは稀だったに違いありません。「男らしさ」も、女に対する男の優越も、男の意地も、男の使命も、男の情も、身につけたものを最善と思い込む文化の毒は、多くの男性の全身に廻っているに違いないのです。男が変われないのも、男が変わりたくないのも、おそらくはこの独善的な文化の毒に大いに関係していることでしょう。文化はおのれが呼吸をしている空気のようなものです。文化の空気もまたあまりに自然なのでその実態が見えにくいものなのでしょう。それゆえ、文化がもたらす加害は、被害者の異議申し立てや外からの強い批判がない限り、自己点検は起こらないのです。

2 DVは「傷害罪」ではないのか?

DVの体験者の証言を読み通すことはなんとも苦痛でした。* 男の惨めさがわかり、女の恨みの深さもわかるような気がしました。なかなか読む気にはならないでしょうが、男が男女共同参画を理解するには、DVの記録から読み始めることが、最も早いだろうと思いました。次いでDVの発生頻度を知ることは更なる驚きでした。どのようにして調べたのかはわかりませんが、ジェンダーの解説書の中に、** ドメスティック・バイオレンス(DV)の資料を見つけて、愕然としました。

*原田恵理子・柴田弘子編著『ドメスティック・バイオレンス 女性一五〇人の証言』明石書店、二〇〇三年。「夫(恋人)からの暴力」調査研究会『新版 ドメスティック・バイオレンス』有斐閣、二〇〇二年。
**加藤秀一・石田仁・海老原暁子『図解雑学ジェンダー』ナツメ社、二〇〇五年、六八頁。

解説文の見出しには「五人に一人の女性が配偶者から暴力を振るわれた経験を持つ」とあり、また二〇人に一人は「それによって命の危険を感じたことがある」とありました。次いで見つけた別の本には東京都の調査で被害者は「三人に一人」と紹介がありました＊。

＊日本DV防止・情報センター編著『知っていますか？　ドメスティック・バイオレンス』解放出版社、二〇〇〇年、五〜七頁。

この場合、被害にあった女性が加害者と婚姻関係のない第三者であれば、暴力の行使はれっきとした「傷害罪」になるでしょう。まして「それによって命の危険を感じたことがある」という場合は、事と次第によっては「殺人未遂」にもあたることになるでしょう。それゆえ、警察のいう「民事不介入」を隠れ蓑にして、男社会はつい最近まで実質的な「傷害罪」を放置してきたということでしょう（多くの女性もまたやむなく目をつぶってきた、ということでしょうか？）。

現行のDV法によって、暴力を振るった亭主が「接見禁止」になっても、「逮捕されることはめったにない」ということは、DV法の施行後ですらも妻に対する暴力の多くは、「傷害罪」として捜査されることは稀で、放置されたままであるということです。私生活において、このように妻の「三〜五人に一人」が「力ずく」に泣かされているということは、「筋肉文化」がさらにその「病い」を「深くしている」ということでしょう。男社会の支配原理は、つまるところ、「力ずく」です。「力ずく」は、まさしく筋肉文化の最大の特徴であることは繰り返し論じた通りです。しかしながら、男が女に暴力を振るうということは、男社会の「らしさ」の建前が抑制してきました。「男らしさ」は、筋肉文化（男社会）がつくったジェンダー（性別役割の価値と感性）であることにまちがいありませんが、必ずしもそのすべてが女性に敵対するものではないということです。ジェンダー・フリー論者にはお気にめさない論点でしょうが、男社会が建前とする健全な男らしさの中には、力において自分より劣るものを、いじめたり叩いたりすることを恥とするという精神の基準も含まれていたのです。筆者の育った関東の田舎には、男は女を叩くなという明確な訓戒がありました。女の子をいじめたり、まして叩いたりすることは、即、「おとこ」であることの資格を失うことと教えられたものでした。そうした子ども時代の基準に照らせば、昨今の「男らしさ」は文化の毒を食らって病んでいるということなのでしょう。

文化の取扱いは誠に難しいものです。この世をジェンダー・フリーにして、男女の性別役割から生まれたすべての「らしさ」を否定することは、時に、「筋肉」の力（暴力）をむき出しにする「危うさ」を含んでいるのです。男女共同参画の時代が来たとしても、実質上、個々の男女の筋肉の働きの優劣は変わりません。男女の筋肉の優劣がもたらした「社会的意味」を変えたのは、文明であり、機械化と自動化の技術です。この先さらに文明が進化して、男女の筋力差の社会的意味が消滅したとしても、個人の「力ずく」では、平均的に、断然、男が勝っているという事実は変わりません。確かに、先行研究が結論づけたように、女性に対する暴力やDVは、男性支配の社会が有する「構造的暴力」という理解も成り立つでしょう。* しかし、社会が構造的暴力を止められないのは、DVの「暴力」が「傷害罪」の暴力だと十分に認知していないからです。「力ずく」では男の方が総じて強い以上、男の精神に抑止力がなくなれば、対女性暴力はこれからも続くことでしょう。男の筋肉の暴走を抑制し得る「価値と感性」の基準は「男らしさ」です。「男らしさ」を、過去の偏見（バイアス）を引きずった「ジェンダー」だからという理由だけで全否定していいでしょうか？　法と平等論だけでDVを止められるのでしょうか？　弱いものに暴力を振るうことは「男の風上にもおけぬ」という従来の「男らしさ」の基準はまったくのナンセンスなのでしょうか？　いまだ答は出ていないのです。

＊鹿野政直『現代日本女性史』有斐閣、二〇〇四年、八一頁。鹿野は六〇頁の傍注（＊）の「夫（恋人）からの暴力」研究会の結論に共感して女性に対する暴力を「構造的」であると総括している。

3　DV犯罪者は野放しか？

「傷害罪」の実質的放置状況に半ば呆れ、半ば納得しながらDVに関するレポートを読み続けました。男社会がもたらした「構造的暴力」であるという見方は、傍観や無関心を装ってきた男たちの沈黙の中に極めて明瞭に浮かび上がってきます。「構造的暴力」という時の「構造性」とは女性に対する暴力を社会が許容し、傍観してきたということです。すなわち、構造的暴力とは、「文化的暴力」であるという意味です。「女を殴ることのない男たち」も「女を殴る男たち」の存在は、軽蔑しながらも、十分知っていたはずだからです。それでも「沈黙」し、「許容」していたのです。

結果的に、男社会の沈黙は、いわゆるDV法が制定されるまで、DV犯罪者を文字通り野放しにしてきたのです。しかし、他方では、いまだに、暴力夫を個人のキャラクターのように分析する視点も根強くあるのです。DVを個人の性格や個性に還元すれば、「構造性」の視点が欠落します。

おそらく、DVの実態は社会の「構造性」と男支配の文化から生み出された個人の性格の複合物といえるでしょう。DVは、筋肉文化といじましい男の個性が微妙に絡み合って発生するという解釈が正しいのだと思います。「DVの解決マニュアル」という本には、「加害者の人物像」を分析した一項がありました。加害者は、「妻や子どもへの所有意識が強く」「強者の指示命令には従順」で、自らの暴力を「否認し、過小評価し、責任転嫁をしている」ので、加害の「責任感はうすい」というものでした。* 従来の「男らしさ」に照らせば、加害者は、要するに、弱いものいじめの「男の屑」だということです。「構造的暴力」という視点だけでは、解決が難しいのはそのためです。このような男にいじめ抜かれる妻の記録には、女ならずともつくづく気が重くなります。

*日本DV防止・情報センター編『弁護士が説くDV解決マニュアル』朱鷺書房、二〇〇五年、一六～一八頁。

男社会というのは、家庭という私的領域を「聖域」であると線引きをして、外部の干渉を断ちきりました。それがプライバシーの論理です。DVの記録を読むとプライバシーが時に犯罪者を野放しにしてきたのだということがよくわかります。DVという犯罪が「私事」の中に隠れ、「民事」として見逃され続けたのは、すべてプライバシーの論理がカバーしてきたからです。

証言の中には、DVという言葉すらも存在しなかった時代を綴っている被害者もいました。DVはその他の性犯罪に次いで筋肉文化が抱え込んだ男性側の汚点です。家庭内のもめ事が限度を越して暴力沙汰になった場合でも、夫婦間の私的なことは、「民事不介入」の原則によって警察を始め、男全員が（時には女性も）目をつぶってきたのです。家庭のほかに行きどころのない男女のもめ事が、多くの場合、「夫婦喧嘩は犬も食わぬ」として、通常の人間関係の外に置かれざるを得なかったことは確かだったでしょう。しかし、現行刑法が、他者に対する暴力を処罰の対象とし、「傷害罪」や「暴行の罪」を適用する以上、論理的には、ＤＶもまた「傷害罪」を構成する「犯罪」であると断定せざるを得ないでしょう。

証言集に示されているように、三〜五人に一人という研究者の推定が正しいのであれば、「構造的暴力」の視点に加えて、近年の筋肉文化は「男らしさ」の教育に失敗したといわなければならないのです。ジェンダー・バイアス・フリー論者の指摘の通り、「男らしさ」は男性優位の社会がつくり出した「価値と感性」の差別的基準であることに疑いはありませんが、その基準を全否定したことによって、辛うじて男が守ってきた筋力の劣る者に対する「庇護者の美学」も破壊したのです。「男らしさ」は、法ではなく、規範ですらもありませんが、多くの男を律してきた美学であり、生き方の基準でした。アメリカの文化人類学者ルース・ベネディクトは日本文化を「恥の文化」と命名し、「他者に対して恥になることはしない文化」と名づけキしたが、今や、男が女を殴ることは恥ではなくなったということなのでしょう。学校教育も社会教育も男に「男らしさ」を教えなくなった分、近年の男の「恥の基準」が著しく低下したことは疑いのないことでしょう。なんとも文化は厄介なものだと思いますが、男女共同参画の時代に残されたのは「法」と「平等」の論理だけ、ということになっているのです。テレビ文化は、せめて、飲酒運転を怒り、食品偽装を弾劾する激しさで、女に暴力を振るうのは「男の風上にもおけない」、「男の屑」であるとキャンペーンを張ってみてはいかがでしょうか？

4 主要メディアはDVを語らない

被害者が、女性人口の三〜五人に一人という数字は巨大な数字です。しかし、被害が男性に及ばない限り、筋肉文化は無視することができるのです。

紹介した上記証言集のように時代は数冊の印刷メディアを通して、DV被害の事実と実態を明らかにしつつあります。しかし、テレビ界も、新聞も、ラジオもあまりにも反応が鈍いのではないでしょうか？　もとより筆者も正確に報道の実態や頻度を調べたわけではありません。しかし、子どもの虐待は大ニュースになります。高齢者の虐待も同じです。第三者に対するストーカーも、セクハラもニュースになります。「汚染米」の問題から食品偽装まで、人々への加害は、大々的に報道され、警告されます。それに比して、DVに関する報道は余りにも控えめではないでしょうか？　三〜五人に一人の被害状況でも、DVは飲酒運転よりメディアの「露出度」は低いでしょう。テレビに代表される主要メディアは、明らかに、DV被害の「非人間性」に目をつぶっているのです。ゴールデンアワーの番組に、せめて「汚染米」の不正販売と同じレベルで取り上げれば状況は変わるはずです。警察と同じく、報道においても「民事不介入」と「プライバシー」の「大義」の下に男の傷害罪を無視し続けているいることは疑いがないのです。

現代文化の主要メディアはテレビです。そのテレビは、女性がDVの証言集を発行するようになった今日でも、DVに関する報告、警告、非難にはほとんど触れません。時事問題でも、ニュース解説でも、トークショー番組でもめったに取り上げることはないでしょう。マスコミ研究の定説通り、ニュースにならないものは事件ではないのです。特に、テレビのような主要メディアが取り上げないものは、「大事件」にはなりません。テレビが無視するものは、社会的「重要」事項にはならないのです。テレビ番組のプロデューサーもディレクターも、いまだ、だいたいは男が圧倒的な優勢をたもっているということなのでしょう。筋肉文化におけるＤＶの黙殺は、言葉の支配権が今でも男性の手にあるということです。政治権力はもとより、報道権力の中枢にいまだ女は座っていないということを意味しているのです。テレビがせめて飲酒運転撲滅と同じ比率でＤＶを語り、女を殴るのは「男の恥」・「男の屑」キャンペーンを張れば、男文化の状況も必ず変わるでしょう。デール・スペンダーの指摘の通り、「言葉を変えれば社会が変わり、差別を弱めることができ」、「社会の仕組みを変えれば、言葉も、その言葉の意味も変わる」のです。それが「言葉と社会の弁証法的関係」です。*もちろん、言葉を変えるということは、過去の言葉を否定することだけではありません。死んだ言葉を生き返らせることも言葉を変えることに含まれます。それゆえ、スペンダーの助言に従うとしても、過去の文化を全否定して、過去のジェンダーをすべて「投げ捨てる」ということではないでしょう。男女共同参画の推進者は、太平洋戦争敗戦後の日本の教育界のように、「総懺悔」、「全否定」の轍を踏んではいけないのです。

＊デール・スペンダー『ことばは男が支配する　言語と性差』（れいのるず＝秋葉かつえ訳）勁草書房、一九八七年。

5 「犯罪」と言いながら法律に「処罰」の規定がない!

DV法には被害者を守ろうとする配慮はあっても、加害者を処罰する思想はほとんど存在しません。証言集*には「家庭裁判所の調停員の方々の意識が遅れていて」不勉強であるという指摘がありました。DV被害は、「自分一人で解決できる範囲の悩み事ではない」とあり、被害女性を「守れるところ、相談できるところを作って下さい」ともありました。法律について「六ヶ月近づかないようにするだけで女性を救えるのでしょうか?……(家庭内暴力が犯罪であるというのなら)、(加害者には)相当の処罰を受けることを身をもって教えなくてはいけないと思います」とありました。「加害者を取り締まる法律がない」ということはおかしいという指摘につながるでしょう。だから「法を過信しないで」という被害を綴った被害者から同性被害者への忠告もありました。それにしても、このような事態を前にして、国や地方の女性議員はメディアの最前線で語ろうとしているのかと、疑問に思うのは筆者だけでしょうか? 地域婦人会や、JAや、商工会の女性部や、その他の各種女性の会はDV問題とどう向き合ってきたのでしょうか? 沈黙してきたのは筋肉文化の中の男だけだったでしょうか、それとも筋肉文化に服従して生活してきた女性もまた「DVの傷害罪」を語ることはしなかったということなのでしょうか? 男女共同参画推進は国家権力が介入せざるを得ないと書きましたが、とりわけDVは市民レベルの運動や自覚を待つだけではとうてい間に合いません。ようやく国家権力が乗り出し、下記のようなシステムが整備されるところまできています。**

＊原田恵理子・柴田弘子編著、前掲書。

＊＊以下は現行支援システムの状況です。

名称は地方によって異なりますが、都道府県に、次のような相談窓口ができています。「配偶者暴力相談支援センター」、「女性センター」、「警察の相談窓口：ミズ・リリーフ・ライン」、「財団法人法律扶助協会」、「女性の人権ホットライン」などです。

11

最後の「アウトソーシング」

——日本社会は「介護と養育」の「社会化」を認めるか？

家事と育児と介護のアウトソーシングは男女共同参画の基本条件である。家庭機能のアウトソーシングは〝冷たい〟といわれるが、真の問題はアウトソーシングの「徹底」が不十分であることに尽きる。

1　答は「アウトソーシング」です

「少子化」の防止が現代日本の必須課題であるとすれば、女性の「負荷」を減らさなければなりません。育児の心配と負担をほぼ一手に抱え込んでいる女性の肩の荷を放置したままで、もっと子どもを産んでほしいとか、次の子を育ててくださいというのは無理というものです。また、女性の就労や社会参画は、女性自身が希望するにとどまらず、社会にとっても重要であるというのであれば、家事や育児の男性との均等分担を強力に押し進めなければならないでしょう。もし、男性が家事・育児の分担ができないとき、あるいは拒否するときは、家事や育児を外部に委託して、現在女性が負っている負担を軽減することが不可欠の条件になるでしょう。それゆえ、当面の答は「アウトソーシング」です。

しかし、その場合、最終的には、従来、家族を家族たらしめてきた介護や子育てまですべての機能を外部に委託するところまで行き着きます。「親不孝」・「無責任」・「冷たい」などと批判されるのは主として女性でしょう。子育てを外部化すれば、家族にとって「子はかすがい」の事実は希薄になります。それでも、はたして家族（女性）は「アウトソーシング」を選択するでしょうか？　また、現代の家族は介護も育児も「外注」したあと、家族であり続け得るでしょうか？　男女の愛情だけで新しい家族を結合する「きずな」たり得るでしょうか？　男女共同参画と家族の関係がどこに行き着くのか、答はまだ出ていないのです。しかし、現状の男の働き方も、男自身も変わらない以上、女性の社会参画にも、ワーク・ライフ・バランス（仕事と私生活の調和）の確立にも「アウトソーシング」の戦略は不可欠なのです。

2 「アウトソーシング」とは何か？

アウトソーシングとは「業務の外部委託」のことですが、人間の生活では古くから行われてきた「専門分業」の手法のひとつです。にもかかわらず、「アウトソーシング」という横文字を使うのは、組織についても個人についても、環境の変化に伴う新しい「戦略性」の視点を入れたからです。「戦略性」とは、外部委託による「専門性の活用」、「コストダウン」、「戦力の集中化」などであると指摘されています。* その目的は組織や人間行動の目標達成効率を高めることと言い換えてもいいでしょう。したがって、企業でいえば、経営「方法論」の一つであり、個人であれば、生き方・暮らし方を変える方法論の一つです。それゆえ、使い方はさまざまあります。使う方がいい場合もあれば、使わない方がいい場合もあるでしょう。使いたい人がいる一方で、使いたくない人もいるでしょう。「戦略的」というのは、使うか否かは、暮らしの領域や時期や個人の事情に応じて判断すべきであるということを意味しています。

＊ブレイン編著『図解アウトソーシング』日本実業出版社、一九九八年、一一二〜一一三頁。

子育てにせよ、介護にせよ、外部に頼むことは「アウトソーシング」の原理と変わりません。特に、女性の職業的自立や社会参画との関係で考えたときは、まさに「戦略的」外部委託の特徴を有しています。経済界の場合でも、何を外注して、どこに委託するかは、企業の経営を左右する戦略的判断になります。同様に、女性の個人生活にとっても、彼女の職業や人生を左右する「戦略的判断」になります。それは当該の女性が目指している各種の人生目標を達成するための戦略に直結しているからです。それゆえ、アウトソーシングはワーク・ライフ・バランスを確立するための基本戦略です。

アウトソーシングに期待する機能はそれぞれの領域で異なることは言うまでもありません。原理的には、外部の専門家に任せることによって、「サービスの向上」をはかり、「生産力の向上」をはかり、今まで以上の「創造力を発揮」し、「経済的、時間的、物理的コストを削減」し、「人間の生き方・あり方を改革」するためです。

サービス機能の外部委託は企業であれ、家族であれ、外部委託によって生まれでたエネルギーや時間を今現在最も重要であると考える目的に傾注するためです。家事の分業化、外部化はそのようにして進みました。保育も教育も食事も、衣服のクリーニングも家の掃除も、専門分化し、人々の暮らしを支えてきたのです。少子化に伴って労働力が直に不足してきたとき、初めて終末期の親孝行の倫理観や世間の施設介護の心理的受容のあり方も変わることでしょう。背に腹は代えられませんから、外国人労働力の導入も始まることでしょう。その時こそ、今度は日本国が「労働力」を外部委託することになるのです。

3 「アウトソーシング」の理由

組織も人間も自らが関わる機能を「外注」しようとする理由は明快です。それは経営の戦略、暮らしの戦略に直結しています。それは組織内に存在しない能力を外部委託することによって「競争力」を強化するためです。それに引き換え、個人の場合は、自分の主たる目標を達成するための、生活機能を「集中化」するためです。競争力の「強化」にしても、生活機能の「集中化」にしても、アウトソーシングの目的は人々が掲げた目標の達成であることは変わりません。安心できる「託児・教育」の機能があれば、仕事に集中できます、と女性は言います。この場合、育児を外部委託して、職業人としての競争力を「強化」し、仕事に専念できるよう時間を「集中化」したのです。企業は本業を推進し、顧客を獲得するための外部化であり、個人は個人の第一目標を達成するための外部化です。ビジネスの参考書はアウトソーシングの利点を次のように要約しています。

(1) 時間的、労力的、経済的コストが安くすむ
(2) 委託先に(「自分のところ」よりも)能力がある
(3) スピードが速い
(4) すべてが「契約」であり、管理上の問題が少ない

もちろん、市場経済の論理がすべて家族や学校教育や子育て支援の機能に当てはまるわけではありません。しかし、考え方の原則は上記の通りであることは疑いないでしょう。外部委託先のプログラムの良否についての選択原理が働くという点も同じです。魅力のあるプログラムは選ばれ、そうでないプログラムは消えるべきなのです。しかしながら、家族にとっては、学校も子育て支援も介護も、選択の対象となるべきプログラムそのものが限定されていて、貧弱であることが最大の問題なのです。現状では、「放課後子どもプラン」に代表されるように縦割り行政の中で、子育て支援施策は「絵に描いた餅」で、保育に限定された貧弱な「学童保育」以外は、学童期の子どもの発達支援を外部委託する選択対象すら存在していないのです。食や料理のアウトソーシングは外食産業として繁栄し、外部委託すべき選択対象はますます豊富になっています。洗濯を外部化したクリーニング業も同じです。教育はその専門性から外部化しましたが、個人が自由に選択できる対象は「塾」や「家庭教師」などの領域に限られています。

また、家事の外部化の原理は負担の軽減だけが目的ではないはずです。それは「小さな政府」の原理に共通しています。何から何まで抱え込んで自縄自縛に陥ったり、民業を圧迫したりしないための方法論であったはずです。家族の場合も根本は同じです。複雑に分化した現代社会の中で、家族が何もかも抱え込んでは、質も量もすでに限界です。アウトソーシングは人間を時間と労力の制約から解放します。多くの場合、コストすら削減できます。「内助」とか「扶養家族」という概念が残っている社会での、家事労働のコスト計算は簡単にはいかないでしょうが、少なくとも、負担が軽減された女性の選択の可能性を拡大することは間違いないのです。換言すれば、家事、育児、介護の外部委託は女性の選択の自由を拡大します。問題は必要と目的です。何のために、何を委託するかということです。アウトソーシングはそれぞれの必要と目的によってそのあり方が変わってくるのは当然です。

上記の通り、産業界のアウトソーシングの売り物は「専門能力」です。自分でやるよりも、「うまくできること」、「安くできること」、「早くできること」などが「専門能力」の条件です。子育てや介護の場合には「安心できること」なども条件に加味されることになるでしょう。ニュービジネス協議会のアンケート調査*によれば、すでに日本企業の六割はアウトソーシングを活用しており、外部委託の代表分野は「教育と研修」及び「情報」だということです。まさに、家庭における子育てや介護に該当するのです。子育てが教育の一環であることを疑う人はいないでしょうが、介護の領域も「老人」の健康維持やボケ防止を想定すれば研修の一環であることは疑う余地がありません。

＊牧野昇『アウトソーシング早わかり』ＰＨＰ研究所、一九九八年、三三一、三三六頁。

4 惣菜を買うのは愛情が不足しているからか?

長い間、家事、育児、介護の「外部委託」(アウトソーシング)は基本的に女性が「手抜き」をしているという汚名をきせられてきました。例外的に是認されたのは学校や塾への教育委託だけだったでしょう。義務教育は政府の命令であり、塾の指導も一般の保護者では教育の専門性には歯が立たない、ということがあるので非難の対象にはならなかったということです。

しかし、教育以外の外部化は、女性の怠惰であり、手抜きであり、愛情の不足であるということになったのです。

最初は衣類をクリーニングに出すことも、お弁当やお惣菜を買うことも、女性の「手抜き」として後ろ指を指されたものでした。非難の主たる理由は、「愛情がこもっていない」「愛情が足りない」ということでした。「愛情が足りない」ということは、女性として、母として自らの任務をまじめに果たしていないということを意味していました。

非難の背景には、「外部委託」によって身軽になった女性が「外へ出ていく」機会と時間を手にすれば、「男は外」で「女は内」という性別役割分業を破壊するものとして受け取られたという事情もあったことでしょう。

学校の給食制度が整ったあとでさえも、母の手作り弁当を食べさせるために給食を廃止しろという議論があちこちでくすぶっていたことは周知の通りです。現在でも、学校や給食センターの事情で、子どもの弁当が必要になったとき、自分で作らないで、〝コンビニの弁当〟をもたせることが非難の対象になることも周知のことでしょう。「愛妻弁当」という呼び方も、おふくろの味の「愛情弁当」という言い方も、カギは「愛情」です。「女性が料理に時間と手間をかけたこと」は「愛情がこもっていること」と等値され、筋肉文化の「価値」なのです。女性が汗を流して、自分で稼いだお金で買ったお弁当はなぜ「愛情が足りない」ということになるのか、筋肉文化は説明を試みたことはありません。もちろん、「家事の外部委託＝女性の愛情の不足」という等式は筋肉文化の世間が立てたものです。世間の主力は男で、脇役は家事と育児を専業としていた主婦だったでしょう。

その世間は筋肉文化の価値観で固められ、女は「内」にあって、「内助の功」を発揮すべきであるという原理と仕組みが支配的であったことも周知の事実でしょう。したがって、この場合、男が弁当を作るということは、世間の「想定外」です。女性が外で稼いで、「外助の功」を発揮することも、世間の美意識の「想定外」です。女性が働いているために、惣菜づくりを外部に委託することが、本当に「愛情が不足している」ことになるのかどうかは、必ずしも検討されたわけではなかったのです。逆に、共稼ぎのなかで、弁当を作ってやらなかった男たちは「愛情が不足しているわけではないのか」という問いも発せられたことはなかったはずです。「弁当を作らないことは愛情の不足である」という非難は、なぜ両親に向けられずに、母親にだけ向けられたのか？　おそらく筋肉文化は自らに問うたことはなかったと思います。

5　施設介護は「冷たい」か？

老老介護の悲惨や、介護に関わる家族の膨大な負担が明らかになった現在でも、年寄りの介護を施設に頼むのは、嫁として、娘として、妻として〝冷たい〟という評価は、世間の発想の中に厳然と存在しています。〝つめたい〟は当然〝愛情が足りない〟ということと同じです。弁当の外注と同じ論理が流れています。

この場合も評価の主力は男ですが、介護の凄まじさを体験したことのない女性の中にも同じような感性は潜んでいることでしょう。それゆえ、働いている女性が、親の介護で仕事を辞めれば再び労働市場に戻れないことが自明であっても、親や姑を施設に入れることに対する「非難のまなざし」は変わらないのです。

欧米社会と違って、日本の親世代は親孝行の伝統と建前の中で年をとってきました。そのため、老後の孤独に耐える「修業」がまったく足りません。欧米の老人は、老後を子どもと分かれて暮らさざるを得ない「核家族」の結末を知っています。欧米の老人は、老後の孤独を受け入れ、施設で人生の終末を送ることの覚悟ができているのです。これに対し、日本の親世代は「核家族」の結末をまだ知りません。日本の親世代は、老後の孤独に耐えて、一人で施設に入り、子どもには負担をかけないという覚悟はほとんどできていないでしょう。それゆえ、〝老後は子どもと過ごしたい〟とか〝自宅の畳の上で死にたい〟という願望が圧倒的です。こうした願望はごく当然のこととして世間に広く受け入れられています。だから、「施設介護」は冷たく、「在宅介護」は年寄りの願望に沿って〝暖かい〟という評価になるのです。おそらく「親孝行文化」において、在宅介護をのぞむ老親の側を「覚悟ができていない」と責める人はまずいないでしょう。その反対に、施設介護は責任放棄の「姥捨て山」という陰口を叩かれることが普通です。施設介護を選んだ家族は多かれ少なかれ〝冷たい〟という親戚や世間の評価を受けることになるのです。

もちろん、在宅介護は〝暖かく〟、施設介護は〝冷たい〟という感想は、男社会だけではなく、「内助の功」を受け入れた女性にもあります。かくして、日本の老人介護は「在宅ケア」が主流になるのです。財政が逼迫してくれば、ますます社会的負担の多い施設介護は減少していくことでしょう。男たちが支配権を握っている政治も行政も、介護は嫁や娘や妻の仕事であることを疑ったことはないでしょう。もしかしたら、多くの嫁や娘や妻自身も疑ったことがないかもしれません。それゆえ、両親が年老いたあと、介護の主力を務める女性の就労や社会参画は基本的に不可能になるわけです。もちろん、女性が介護を引き受けることによって、家族も当人も満足であれば、何一つ問題はありません。しかし、一方的に介護の「負担」を背負うことになるすべての女性が、満足で幸せということになるはずはないでしょう。在宅介護の実態が世話をする子ども世代にとって、どれほど負担になるかは、政治も行政もすでに十分わかっているのです。にもかかわらず、筋肉文化の伝統的発想を前提として見て見ぬ振りをしている、といったら言い過ぎでしょうか!?

6　最後のアウトソーシング──「アウトソーサー」の不在

これまで論じた通り、外部委託には外部委託を必要とする根拠と展望が不可欠です。男女共同参画を実現しようとすれば、最後のアウトソーシングは「介護と養育」です。

しかし、適切な外注の「受け手」がいなければすべては机上の空論で終わることになります。日本社会は、子育ては「家庭」でやるものだと思い込んできました。その結果、子育て支援の優れたプログラムも「受け手」もいないのです。

業務の「委託」を受ける側を産業界では「アウトソーサー」といいます。保育所や塾は当面の子育て支援のアウトソーサーです。託老所やデイケア・センターは、同じく、介護支援のアウトソーサーです。外注の発想がないからアウトソーサーが育たないのか。それともアウトソーサーが存在しないから外注の発想が育たないのか、おそらく育児と介護の場合はその両方でしょう。行政も世間も育児と介護は自己責任でやりなさいという発想に支配されているかぎり、優れたアウトソーサーを育成・供給するという方向へは進みません。特に、現状の子育て支援が進展しないのはそのためです。子育て支援が進展しなければ、男女共同参画も進展しません、少子化も止まりません。

逆に、家族のための新しいアウトソーシングが始まれば、必ず新しいプログラム、新しい人材、新しい運営組織などをもたらすはずです。それは新しいサービスを生み出すということに他なりません。外部委託という方法が新しくても、提供されるサービスが陳腐であれば、注文はこないでしょう。

現在の「子育て支援」や「学童保育」は質が悪すぎるのです。保育機能は辛うじて存在しても、子どもに対する「発達支援」プログラムは皆無に近いのです。それゆえ、利用者は諦めており、当然、潜在的利用者を発掘することもできないのです。

たくさんのアウトソーサーが育てば、プログラムの競争が始まり、中身と方法が進化します。それが選択効果です。評価の必然です。結果的にサービス内容は高度化するのです。

子育て支援も介護サービスもプログラムの質と供給構造を転換する必要があります。それは家庭を身軽にし、女性の物理的、心理的負担を軽減することに繋がります。最終目的は少子化を防止し、女性の社会参画を促すためです。筋肉文化が要求した性別役割分業を考えれば、介護と育児は疑いなく最後の「アウトソーシング」となります。家庭機能のアウトソーシングは〝冷たい〟と言われ続けましたが、真の問題はアウトソーシングの「徹底」が不十分であることに尽きるのです。もちろん、両方とも従来の家族の中枢機能でした。その中枢機能を外部化した場合、家族は家族であり得るのか。未来の「家族」のあり方がどうなるかは大問題です。しかし、その問いには未来の家族が答えるべきでしょう。人間は変化し、進化し続ける生き物であるということだけは変わらないでしょう。

12 子育て支援の論理と方法

子育て支援事業の中身と方法が間違っている。原因は政治と役所の男たちが「養育の社会化」の重要性を理解せず、保育と教育の統合を実行できないからである。結果的に、子どもはへなへなのままで、女性は社会参画ができず、少子化は止まらず、福祉のサイクルは崩壊する。

1 「養育」の社会化——「保育」と「教育」を融合する

ワーキング・マザーは小学校の子どもの放課後の過ごし方が最大の問題になることを自覚しています。なぜなら子どもの小学校入学は出産の次に働く女性の退職理由になっているのは周知の事実だからです。『ワーキング・マザーの子育て心得帳』の「小見出し」を並べてみると問題の種類が鳥瞰できます。*

*マザー・ネットワーク編『ワーキング・マザーの子育て心得帳』ＰＨＰ研究所、二〇〇〇年、一八〜三三頁。

まずは「学童保育の中身が心配だ」ということです。次は子どもが「学童年齢を過ぎたらどうするか」です。さらに「習い事、塾のかけもちはどうするか」です。学童保育といっても全員が受け入れてもらえるわけではないのです。受け入れ児童の年齢を制限しているところが多いので、小学校時代の中途「卒業」もあります。建前は「子どもの安全と心の安定を託す場所」ですが、個々の学童保育の「格差」は大きいのです。子どもはそこで毎日何時間も過ごすのです。したがって、五月病も存在し、「行きたくない症候群」も起こるのです。子どものトラブルも大人のトラブルもいろいろあります。学童保育は、基本的に福祉事業で、教育活動の発想が乏しいので、発達支援プログラムは希薄です。子どもにとっては代わり映えのしない退屈な夏休みも延々と続くのです。

こうした状況に鑑みて、福岡県京都郡旧豊津町の「男女共同参画まちづくり推進委員会」は、「豊津寺子屋」を設立しました。現在まで継続してきたことは、同委員会の最大の成果です。「寺子屋」は、上記委員会が、男女共同参画を推進する総合的な視点を協議した結果、複数の目的を同時に達成できる〝一石数鳥〟の事業になりました。主要な看板は「子育て支援」ですが、実質は複数の目的を同時に遂行する総合的システムです。それは「養育の社会化」と呼んでいいでしょう。養育を社会化するシステムを整備することこそ、少子化を防止し、男女共同参画を推進する現代の条件なのです。

「寺子屋」が掲げる複数の目的とは、「女性支援」であり、子どもの「発達支援」であり、熟年者に社会貢献の地域ステージを提供する「生き甲斐支援」であり、世代間交流の創造であり、学校のコミュニティ・スクール化であり、住民の住民による子育て支援事業を意味しています。「寺子屋」の活動拠点は学校で、指導者は基本的に住民の中の熟年者から発掘します。「豊津寺子屋」の「有志指導者」は現在総数一〇〇名を越えています。対象は町内三小学校の全学年児童から希望者を募集し、実施スケジュールは学童保育の代替を目指しています。学期中は毎日15：00から18：00まで、夏休みは8：00から18：00まで、プログラムは指導者の指導可能領域から二〇チームを編成して、各種スポーツから料理まで、茶道からキャンプまでを内容としています。*

*拙著『子育て支援の方法と少年教育の原点』学文社、二〇〇六年、三三〜三四頁。

現在、日本社会で提案されている子育て支援の方法は、保育の視点から見ても、教育の視点から見ても極めて不十分です。行政の縦割りの壁が阻害要因となって、保育には教育の視点がなく、教育には保育の視点が欠如しています。福祉行政は教育の視点を考慮せず、教育行政は福祉の視点を顧みないからです。

それゆえ、子どもの「安全」と「発達」を同時・総合的に配慮する視点を欠き、対象年齢も自治体によってまちまちで、学校との連携はほとんどなく、子どもを狭いところに閉じ込めた「保育」という名の管理が主流になっています。児童福祉法第六条の二②に規定されている「放課後児童健全育成事業」では対象年齢に制限があります。* 高齢社会を想定した地域の人材活用はほとんど考慮されておらず、結果的に、まちづくりの視点も世代間交流の視点も不在になります。教育行政と福祉行政、あるいは男女共同参画に関わる行政部門が連携していないので、支援の方法は非効率的で、少子化防止や男女共同参画を推進するための課題に応えていません。また、支援の中身は、幼児に対しても、少年に対しても、提供されているプログラムは教育原理上のバランスを欠き、指導の体制も極めて不十分です。法律のいう「健全育成」はとうてい実現されていないのです。さらに子どもの参加者数が増大した場合、児童館や公民館など現行の社会教育関連施設では十分な活動を展開できないことは明らかです。それにもかかわらず、地域の公共施設の中で、子どもの活動に最も適した学校は、人的、物的資源の地域開放において、極めて閉鎖的・非協力的です。放課後や長期休暇中ですらも、現行の学校施設は子育て支援の「場」とはなり得ていません。

*この法律（児童福祉法第六条の二②）でいう、「放課後児童健全育成事業」とは、小学校に就学しているおおむね一〇歳未満の児童であって、その保護者が労働等により昼間家庭にいないものに、政令で定める基準に従い、授業の終了後に児童厚生施設等の施設を利用して適切な遊び及び生活の場を与えて、その健全な育成を図る事業をいう。

ようやく中央行政は、厚生部門と教育部門の協力を前提とした「放課後子どもプラン」を発表しましたが、実態は行政の縦割りとセクト主義の壁の前にほとんど前に進んではいません。両分野を仕切っている男たちが子育て支援の総合化の重要性を理解していないからです。

子どもたちにとっても、親にとっても、最も必要なのは安全な居場所であり、健全な成長を保障する「保育」と「教育」の同時提供です。このことは新しく発想された「放課後子どもプラン」が指摘した通りです。保育と教育の同時提供は、「保教育」という新しい概念で呼ぶことができるでしょう。従来の「一時預かり」や見守りのみの「学童保育」で女性が安心して働きに出たり、心置きなく社会的活動に参画することはできません。次の子どもを育てようかという気持ちにもとうていなれないでしょう。その理由は、一番重要な幼少年期にわが子が健全な発達を遂げるだろうか、という心配が消えないからです。特に学童期は、保育の機能だけでは、親が社会に参画する必要条件であっても、十分条件にはなりません。参考書を読む限り、多くのワーキング・マザーは、明確に意識・自覚していないようですが、最も肝心な点は、現行の学童保育には、積極的な「教育」がなく、基本的な集団生活のトレーニングがなく、躍動的な「遊び」がないことです。要は、子どもの発達支援プログラムが欠落していることです。

その原因は、保育が保育行政だけに任され、教育は主として学校に分業化されているからです。一時保育や大部分の学童保育は、男女共同参画や少子化問題が顕在化していなかった時代の「共働き対応システム」の延長に過ぎません。共働きの家族の要望や不便に対応する「預かり」や「安全管理」の機能はあっても、子どもの成長・発達を保障する十分な「教育」や「遊び」の視点は考えられていないのです。学童保育が構想された当時の発想は、「子育ては家庭でやるものだ」、「共働きは個人の恣意的な選択の問題である」という認識を一歩も出ていなかったからです。

男女共同参画や少子化防止を前提にすれば、「養育の社会化」は避けて通ることのできない課題です。なぜなら女性に幼少期の子育て責任を要求しておいて、合わせて女性も社会に参画せよ、ということは事実上不可能だからです。また、すでに社会の各部門で活躍中の女性に、仕事を続けながら次の子どもを産み育ててください、とお願いするのも不可能に近いことだからです。独身の青年男女も、彼らが結婚してお互いの能力を発揮しながら社会に参画し、同時に子どもを育てようと決めた場合でも、社会が養育のかなりの部分を担ってくれるシステムが存在しなければ、働きながら子どもを育てるということは実際には不可能なことだからです。

養育を社会化し、保教育のシステムを充実しない限り、男女共同参画の推進も少子化防止もできないのです。せめて子どもが中学校に入るまでは、共働きをしている家族が放課後や休暇中の子どもの心配をしなくてもいいようなシステムが必要なのです。福祉行政においても教育行政においても、意志決定ができる地位にいる男たちは、男女共同参画時代において子育て不安が女性の心身にもたらす負担（感）が少子化の主要原因であることに誠に鈍感なのです。

このことがわからない男たちが口で何を言おうとも、現実に、「養育」を社会が引き受けるシステムが整備されない限り、少子化は止まらず、男女共同参画は前進しないのです。現行の教育システムには「保育機能」はほとんど存在しません。反対に、現行の保育システムには、意識的計画的な教育機能がほとんど存在しません。二〜三人の保育者が数十名の、しかも異年齢の子どもたちを小さな空間に閉じ込めて、教育や遊びのプログラムを展開することはそもそも不可能であることは言うまでもありません。現在は、子どものための各種の塾が教育機能を補完しているのです。子育ての経済的負担が高騰するのはそのためです。

それゆえ、養育の社会化には保教育が不可欠なのです。保教育の概念は、「預かり」や「安全管理」と「教育」や「遊び」の視点を結合することです。換言すれば、保教育は、親の不在の時に子どもの居場所と安全を確保し、同時に成長期の子どもたちにその発達を促す教育と遊びの指導を保障することを意味しています。「豊津寺子屋」の特徴は、保教育の拠点を学校とし、指導者の確保に地域の熟年人財を組織化したことです。

保教育を基本とした養育の社会化を必要とする理由は四つあります。

第一は、「女性の社会参画」条件の整備・促進です。

第二は、放課後や休暇中に家に保護者のいない子どもには、監督と教育的指導が不可欠だということです。

第三は、高齢者が活躍できる地域のステージを想定し、地域から失われた遊びや教育力を復活することです。

第四は、最終的に、保護者が安心できる子育ての条件を整備して「少子化」を防止することです。

2　子育て支援の必然性――子ども自身を救わねばならない：「居場所」「遊び場」がない

子どもの「居場所」を行政が準備するということは、すでに子どもの周りに安全で快適な「居場所」がないということです。現状に鑑みれば、理論上、家庭以外の場所で、子どもにとって最善の居場所は当然学校です。学校は子どものために設計されています。環境も子どものために整備されています。しかも学校は税金で建てられた公共の施設です。想定される利用施設は体育館、運動場、プール、図書室、家庭科室、理科室などです。学校を活用すれば、放課後の子どもは移動の必要がありません。学校施設であれば、参加者数が増大した場合でも十分に対応でき、地方自治体にとっては最も経済的であり、保護者にとっては最も安心できる施設です。最終的に、必ず、学校の閉鎖性の打破に繋がり、コミュニティ・スクールの創造に繋がります。

また、子育て支援が全町（市）的に展開されるとすれば、居場所と活動の拠点は児童厚生施設や社会教育施設では不十分になることは明らかです。

学校の活用を視野に入れなければ、子どもの参加者数が増大したとき、公民館も児童福祉施設も、その収容能力は立ちどころにパンクします。放課後の子どもも長期休暇中の子どもも、学校以外の施設に通わなければなりません。校区内の子どもはともかく、子どもが校区外の施設に通うことは、負担であり、危険であり、結果的に利便上の不公平が生じます。慣れない施設までの子どもの道行きは安全上の問題も喚起します。交通事故しかり、犯罪への巻き込まれしかりです。指定の公民館に辿り着かないで、子どもが〝蒸発〟したと大騒ぎになった事例も枚挙に遑《いとま》がありません。第三は公民館も、児童福祉施設も、通常は小規模であったり、成人との共用であるため、子どもの多様な活動の同時展開には適していません。どこから見ても子育て支援の拠点には学校が最適なのです。*

*拙著『子育て支援の方法と少年教育の原点』学文社、二〇〇六年、四四頁。

しかし、現状の学校は、頑に、当該校の子どもにすら放課後や休業中の施設を開くことはしていません。少子化で空いたはずの教室には「余裕教室」などという愚かな名称を冠して、「使用中である」という「アリバイ」にしています。

残念ながら学校には、男女共同参画時代が到来して、社会的な「養育」機能が不可欠になったという認識もありません。それゆえ、教育行政も学校の施設開放を強力に指導することはないのです。教育行政には、行政の縦割りの呪縛があり、「養育支援」は福祉の仕事だという認識しかないからです。しかし、子どもの危機的状況を分析すれば、今や、福祉と教育の統合は論理的必然となりました。地域社会は危険がいっぱいということになれば、子どもの居場所の確保には、学校の開放は必然です。子どもの生活エリア内に「保教育」の拠点をつくってほしいというのは、働く母親の当然の願いです。*施設不足の問題は学校施設さえ開放できれば直ちに解消できることです。

*安藤香織・伊藤ゆかり・鳥山奈々編著『ワーキングママの本音』ナカニシヤ出版、二〇〇六年、二〇七頁。

保教育の拠点として学校施設を開放する原理は、文部科学省が学校を生涯学習施設として認定するだけで十分です。活用の具体策は、教室を工夫して共用するよう関係者に指示する通達一本で解決することです。すでに法律の下地は整っています。学校教育法第八五条、*社会教育法第四四条、スポーツ振興法第一三条がそれです。

*学校教育法第八五条　学校教育上支障のない限り、学校には、社会教育に関する施設を附置し、又は学校の施設を社会教育その他公共のために、利用させることができる。

3　能動的、全身的、集団的運動・遊びをする時間が少ない

戦後教育は育児にも教育にも失敗している。子どもは「へなへなの半人前」で、家族の後顧の憂いである。女性の社会参画が進まず、少子化が止まらない重要な理由の一つである。

大方の研究報告を読めば、子どもの日常を構成している時間消費の主要因は、テレビと塾とゲームと学校です。子どものスケジュールの中に家族との同行はあまり出てきません。友達との同行もあまり出てきません。社会参加の機会も乏しく、発達途上にあるにもかかわらず、全身運動も足りず、集団的遊びも少ないのです。現在、子どもを取り巻く環境ではそうした活動をする時間も、条件も極めて不十分です。それで子どもは大丈夫か、という保護者や社会の心配はもっともなのです。

心配の背景には子どもの生活の「受動性」があり、テレビやゲームの「擬似環境」があります。メディア環境に没入する時間が多くなれば、子どもたちが自らの肉体や自然から遊離する危険が増すのは当然です。子どもの自主性、主体性、積極性、能動性が重要であるというのであれば、時間の消費が受動的になることは極めて危険なのです。自主性も主体性も積極性も能動性も、すべて自主的、主体的、積極的、能動的活動を通してしか「体得」することができないからです。

同様に、己の肉体や感覚の向上も、自らの肉体、感覚を駆使して初めて可能になります。テレビやゲームの擬似環境に浸っていれば、汗も苦労も疲労も痛みもいたわりもやさしさも空腹も筋肉の躍動も風の心地よさも知る由もありません。これらはすべて心身の五感を通して実感する以外わかりようがないのです。まして、子どもが自然の実態に触れる機会が少なくなれば、子ども自身が「自然」ではなくなるのです。社会の実態に触れることが少なくなれば、子どもの「社会性」は発達するはずはありません。

自然的存在として生まれてきた子どもが自然から遠ざかり、子どもが自然の一部を構成しなくなる時、人間に何が起こるのか？　われわれはいまだ正確には知りません。ただし、人間の中の「自然力」とでも呼ぶべき、体力も生きる気力も、肉体の感覚機能の多くも衰えるであろうことは疑いないでしょう。同じように、社会的動物として存在しながら、社会性を身につけていない子どもは、社会で生きることがますます難しくなるのも当然の帰結です。

能動的で自然の実態と社会の現実に触れて成長した先輩「世代」と、その機会を失いつつある「不自然で、社会性欠如の世代」が大きく異なるであろうことは想像に難くないのです。少年の無気力も、彼らの労働の忌避も、集団への不適応も、逸脱行動や凶悪犯罪もどことなく「不自然世代・社会性欠如の世代」の成長の停滞を暗示しているのです。

家族に「後顧の憂い」があれば、女性ならずとも家を空けられず、社会で活躍することなどできるはずはありません。仕事をしていても子どものことが心配で気もそぞろになるからです。「へなへなの半人前」はまさしく現代の「後顧の憂い」です。子どもが日常の基本的生活習慣を始めとして、体力―学力―社会性に至るまで「一人前」の道筋に沿ってちゃんと育っていないとき、女性の就労は挫折し、「母」は男女共同参画どころではないでしょう。

4　養育の社会化

少子化を防止し、子どもの発達支援を制度化し、子育て期の女性の社会参画を保障するためには、従来の考え方、やり方を一八〇度方向転換することが必要です。現状の学童保育や細々とした居場所づくりの子育て支援策ではとうてい間に合わないのです。結論は「養育の社会化」です。「核家族化」や「女性の就労」など子どもの養育に関して家族の構造が著しく変化しました。戦後教育の流れを受けた子育て論は著しく過保護に傾き、家庭の養育力を衰えるにまかせました。しかも、学校教育、社会教育を通して、教育の専門家が「養育」は「私事」であるという論陣を張りました。それが親の「子育て責任論」であり、「製造責任論」でした。もちろん、歴史的に子育ては、最も基本的な「私事」中の「私事」であったことはその通りです。それゆえ、子育ての原点が家庭にあり、しつけの責任が保護者にあることもその通りであると思います。民法は子育ての「私事性」を「親権」という思想で保障しているのです。

それゆえ、当事者となった保護者も、学校の教科教育のような専門分野の「外部化」に疑問は持たなかったとしても、幼少期の子どもの養育の「外部化」には大いに抵抗を感じたはずです。

外食産業の繁栄は家庭における「食機能」の外部化の結果です。クリーニングや清掃作業の登場は「家事：掃除・洗濯機能」の外部化がもたらしたものです。幼児教育や乳幼児保育は子育て機能の一部外部化です。ベビーホテルも同じです。しかし、「養育の社会化」はあくまでも限定的で、長い間、「子育て責任論」と「製造責任論」によって自制されてきたといって間違いないでしょう。その結果、放課後や休暇中の学童の「保育」や「発達支援」は、家族が共稼ぎであっても、長い間、個々の家庭の対応にゆだねられて子育て支援の政策には反映されなかったのです。男たちが決定する筋肉文化の子育て支援策は、女性の就業状況や悪戦苦闘する家庭の養育実態からははるかに遅れていました。

それでもようやく女性の強い意志は「筋肉文化」の制約を突破しました。女性の能力開発、意志決定過程への参加を重視した男女共同参画は国家の政策目標となりました。このとき、日本社会は、「子育て責任論」と「女性の社会参画論」の間の「股裂き」状態に陥ったのです。理由は、どちらも〝大事で、正しい〟ことだからです。

家庭の「子育て責任論」と「製造責任論」を掲げて、家族の自己責任を唱えれば唱えるほど、子育て期の男女共同参画は困難になります。翻って、女性の就労や社会参画は家庭の子育てをますます困難にしました。一方で、「家庭の子育てが大事である」といい、他方で、「女性の社会参画が重要だ」といったとき、どちらを取ってもどちらかに支障が出るのです。

筋肉文化の慣習と考え方を変えないで、女性が外に出れば、従来の性別役割分業はますます女性の負担を増大させます。男性や社会のシステムが発想を変えて、育児の「共業」に移行できれば、養育をここまで危機的な状況に追い込まずにすんだかもしれません。しかし、明らかに男性の育児分担はできませんでした。女性の発想は変わっても、社会は変わらず、男性の勤務形態も変わらず、男性の意識も態度もほとんど変わりませんでした。子育ての「共同参画」は実現せず、かといって「養育の社会化」も政策にはなりませんでした。その結果こそが、止まらない「少子化」だったのです。

5　外部化を否定する論理

「子育て責任論」と「製造責任論」を掲げる人々の決まり文句は、「子育て以上に大事なことがあるか!?」というものでした。子宝の風土においては子育て以上に大事なことはありませんから、なかなか正面切って反論することは難しかったのです。

家庭の「子育て責任論」は男女共同参画を理解したくない男性だけの発言にとどまらず、「専業主婦」として子育てに専念した先輩世代の女性の主張でもありました。そうした思いは「女性よ、家庭に帰れ」のスローガンが代表しています。

ベビーホテルや乳幼児保育に批判が集中し、せめて学童期までは母親は家にいなさいという論が主流であり、「養育の社会化」はなかなか社会の認知するところまで進みませんでした。しかし、今や、女性の多くは「子育てが大切である」ことを認めながらも、「女性の就労」も「女性の社会参画」も同じように大切であるという選択に踏み切りました。「どっちを取るのか?」と多くの女性が迷ったことでしょう。誤解を恐れずに言えば、最終的に女性は「社会参画」を選択し、変わらない筋肉文化に匙を投げて「少子化」を選択したのです。決定権を有するのは当然女性です。出産と育児を担う女性の決断を男たちも渋々認めました。しかし、男たちの政府はいまだに「養育の社会化」を決断できません。女性の意識と生き方がここまで激変した以上、養育を社会化せずに、子育てと女性の社会参画を両立させることはどう考えても不可能です。厚生労働省も文部科学省もまだそのことがわからないのです。幼少期の保育と教育を統合した、養育の社会化をシステム化しない限り、女性は安心して子どもを産むことも、社会に参画することもできないのです。

すでに、長い間、子育て支援が乏しかった家庭からは教育の機能も、保育の機能すらも失われつつあります。「早寝、早起き、朝ご飯」のスローガンがその象徴です。養育の根本、しつけの原点が失われていることは明らかではないでしょうか。

女性の社会参画と育児の「股裂き」の刑にあって、現代の核家族は、「育児機能」を背負いきれなかったのです。女性が当面した育児ノイローゼも、「次の子どもは産まない」という決断もその象徴です。総論的になりますが、女性が社会に進出すればするほど、家庭は養育・教育の機能をますます失うことになるのは当然です。現代の社会経済的条件が女性の労働力を必要とし、社会的思想が女性の社会参画を促し、「変わりたくない男」が変わろうとしなかったとき、多くの家庭は無理を承知で育児を女性に押し付けるか、子育てそのものを断念せざるを得なかったのです。然るに、家庭の教育力の低下も、育児ノイローゼも、少子化も必然だったのです。

さらに悲惨なことは制度の貧困の「しわ寄せ」は、当然、子どもに集中したことです。家庭も社会システムも子どもの面倒を見切れない中で、発達環境の貧困化は必然でした。社会性が乏しく、しつけの貧しい子どもが氾濫したことは当然だったのです。

6　少子化は福祉のサイクルを破壊する

男性が育児に協力しない（できない）現状では、女性の社会参画と健全な子育ては両立しません。かくして、「少子化」時代が到来したのです。少子化は社会の未来を脅かし始めました。「人口は今よりも少ない方が暮らしやすくていいのだ」などというノーテンキな論者もいましたが、彼らは人口が少数安定に達する過程で、社会がどのような激震に曝されるかについて気が廻っていないのです。少子化は未来の生産人口を減少させることですから、「介護」を社会化し、老後の生活を年金に頼る現行社会保障制度のサイクルを破壊します。少子化が止められなければ、未来の高齢者は路頭に放り出されます。まして、団塊の世代が定年を迎えるこれからが高齢社会の問題が噴出する時期であることは周知の通りです。

少子化防止のカギは女性が握っています。その女性の出産意志を高める方策は二つあります。第一は「変わりたくない男」が男女共同参画を理解して自己変革を遂げることです。しかし、そのことは絶望的に時間を要するというのが本書の診断です。それゆえ、第二の策しかありません。それが「養育の家庭責任論」から「養育の社会化」論への転換です。

家庭機能の外部化が進む理由は、「委託」を可能にする財政能力と「委託」せざるを得ない家庭の状況にあります。現代の家庭は、子育て支援を必要とするようになったのです。少子化を止めようとすれば、社会もまた「養育の社会化」を確立して女性の協力を得、保護者の多くは〝共稼ぎ〟の労働形態に移行し、多くの家庭は「委託」の可能性と「委託」の必要性の両面で子どもの外部「保教育」が不可欠です。「養育の社会化」を実現できなければ、少子化が続き、社会そのものが存続し得ないことを理解しなければならないのです。家族は今やたくさんの子どもを育て切れません。女性を中心に「子育て」を負担と感じています。それゆえ、現代の家族は複数の子どもを育てられるとも、育てたいとも思っていないのです。

「養育の社会化」とは、子育ての大半を社会が引き受けるということです。食や洗濯やもろもろの日常生活の業務を外部化したように、養育の外部化が必要になったのです。核家族化が定着し、就労する女性が増加し、すでに現代の家庭は子育て機能を衰退させてしまったのです。

　さまざまな家庭機能の外部化の中で「養育」は最後に残された領域です。外部化を促進するのは女性の社会参画の意志です。家庭における「育児」の重要性、育児の幸福論はそれぞれに正しいとしても、同時に育児に要する時間とエネルギーと能力を考慮すれば、育児こそが女性の負担であり、女性の社会参画を阻害する最大要因であるといわなければなりません。「少子化」は「子育て」が女性の人生の阻害要因として働いた証明なのです。育児が女性の社会参画の阻害要因でなければ、「少子化」は起こらなかったはずなのです。女性の社会参画を保障し、合わせて「少子化」に歯止めをかけようとすれば、養育の社会化は不可欠の施策になるのです。

　子どもの健全な発達を支援するためにも、家庭外の安全な場所での子どもの集団の遊びや活動を社会が保障するシステムが必要になったのです。

13

「お上」の風土
――地方の男女共同参画は「役場」から

地方における「お上」の風土は健在である。「お上」の風土は相変わらず男が仕切っている。役場から変えなければ地方の男女共同参画は進展しない。

1 「公金」は民間の教育事業に使ってはいけません（憲法第八九条）

長く社会教育の領域で仕事をしてみるとつくづくこの国が「お上」の風土であると思うことがあります。子ども会も、地域婦人会も、ＰＴＡも、かつての青年団も、その他諸々の社会教育に関係する団体は、多かれ少なかれ「お上」の庇護下に置かれてきました。これらの団体は「社会教育関係団体」（社会教育法第一〇条）と呼ばれています。もちろん民間の団体であり、政治的には市民団体です。

ここでいう「庇護を受ける」とは、団体の運営上、財政的にも、事務手続きの上でも、事業の運営面でも、行政の世話になってきたという意味です。行政による支援と世話がなければ、多くの社会教育関係団体はとうの昔に消滅していたことでしょう。

少し理屈っぽくなりますが、以下の説明を注意してお読みください。

日本の法律の原点は憲法です。その憲法第八九条は、民間の団体の教育活動に税金を使うことを禁止しています。条文は以下の通りです。「公金その他の公の財産は、宗教上の組織若しくは団体の使用、便益若しくは維持のため、又は公の支配に属しない慈善、教育若しくは博愛の事業に対し、これを支出し、又はその利用に供してはならない。」

これは公の財産の支出利用の制限を規定したものです。そして、憲法の下位に位置する「社会教育法」は「社会教育関係団体」のことを次のように規定しています。「『社会教育関係団体』とは、法人であると否とを問わず、公の支配に属しない団体で社会教育に関する事業を行うことを主たる目的とするものをいう。」(第一〇条)

「公の支配に属しない」団体とは簡単にいえば「民間団体」のことです。

結論は、憲法は、民間の教育活動に公金を出してはいけないと明言しています。社会教育法は、子ども会、地域婦人会、PTAなどは「社会教育関係団体」であり、「公の支配に属さない」といっています。当然、民間団体です。したがって、論理的に、憲法と社会教育法のきまりを読むと「社会教育関係団体」に「公金」を出してはいけないということになるでしょう。本来、子ども会にも、地域婦人会にも、PTAにも公金の援助をしてはならないのです。

しかし、実際には公金が支出されています。社会教育法の第一一条の2には、「文部科学大臣及び教育委員会は、社会教育関係団体の求めに応じ、これに対し、社会教育に関する事業に必要な物資の確保につき援助を行う。」と書いてあるのです。憲法と社会教育法の間に大いなる矛盾があるのではないでしょうか？

2 憲法第八九条の抜け道解釈

駆けだしのころの筆者は法律上の「工夫」または「トリック」（？）が読めず、両者の矛盾について、〝おかしいではないですか〟と先輩に食い下がったことがあります。その結果、実は、昭和三四年前とその後では事情が変わったことがわかりました。昭和三四年に、社会教育法の一部改正が行われて「社会教育関係団体への補助禁止規定」は事実上解除されたのです。それまでは憲法の規定通り、税金による補助は禁止されていたのです。

補助禁止規定の解除の背景には、〝日本では政治・行政の支援なくして市民団体は育たない〟という状況判断があったということでした（当時の政治権力が「補助」を通して既存の社会教育関係団体を取り込もうという意志があったという見方をする人も当然存在します）。

先輩からは、条文上の矛盾は次のように解釈するのだ、と教えられました。

(1) 憲法は社会教育法の上位法であるから、その規定は当然有効である。
(2) それゆえ、民間の社会教育事業への公金による補助は違法である。
(3) しかし、社会教育法第一一条のいう「社会教育に関する事業に必要な物資の確保」とは「社会教育の事業」そのものを指してはいない。

(4)「社会教育の事業」への支出は憲法違反であるが、「社会教育に関する事業に必要な物資の確保」に公金を支出することは憲法違反ではない。

おわかりになるでしょうか?

民間の「社会教育の事業」に公金を支出することは憲法で禁止されています。ところが「社会教育関係団体」の活動を二分して、「社会教育の事業」と「社会教育の事業に必要な物資の確保のための活動」に分ければ、前者への公金支出は違反であるが、後者への支出は違反ではないというのです。

要するに、「本体事業」と「周辺事業」に分けて、「周辺事業」への補助は合憲であるとしたのです。

長々と説明しましたが、そうまでして支えないと子ども会も、地域婦人会も、PTAもつぶれたであろうということでした。先輩は「確信」を持っていました。歴史に「if」はありませんので、補助をしなかった場合、本当に既存の社会教育関係団体はつぶれたのか、逆に、補助をしたから市民団体が育たなかったのか、理屈の上では両論があります。しかし、筆者の実感は、先輩の「確信」と同じでした。当時の市民意識も、市民活動も希薄かつ脆弱であったことは、その後、多くの人が指摘するところとも一致していました。行政に配置された腕利きの「社会教育主事」や「公民館主事」のいるところは住民活動も盛んでした。行政の支援がなければ、住民活動もまたしぼんだのです。筆者は、そうした状況を「お上」の風土と呼んできたのです。行政が旗を振り、音頭をとらない限り確かに近年までの地方の社会教育は市民主導では動きませんでした。日本の社会教育が「行政主導型」の社会教育であり、行政がリードする生涯学習と呼ばれるゆえんです。

事実、行政が停滞すれば、社会教育も生涯学習も停滞したのです。行政担当者が不勉強であれば、社会教育も、生涯学習もまた足踏みをすることになったのです。「お上」の影響は市民の自主・自立を圧倒していたのです。社会教育に関する限り、市民の自主性は極めて希薄だったのです。関係者はこのような状況を「おんぶにだっこ」と呼び、学習の現場は「承り学習」と呼びました。

3 「お上」の風土は「行政主導型」

説明が遠回りをしましたが、男女共同参画に関する市民活動も「お上」の風土からほとんど出ることができなかったのではないでしょうか。民間に発生した女性解放運動の活躍や意義を高く評価する歴史書もありますが、男女平等の歴史を振り返る上で、一部の民間の運動を過大に評価する傾向があります。例外的な事象や人物を市民一般の代表のように捉える見方も多いようです。しかし、どう見ても、男女共同参画について、地方の住民は自ら動いて、自らの力で風土や政治を変えようとはしてこなかったのです。ほとんどの変革は内外の情勢を汲み取った上からの政治改革、実施権限を伴った行政改革の結果です。

民間の運動が先駆けであり、起爆材であったとしても、国家が介入し、行政が旗を振った改革には規模において、スピードにおいて遠く及びません。男女共同参画の推進もまた明らかに「行政主導型」であったことは間違いないのです。

なによりの証拠は、国の法律改正や組織的な運動を担った女性の改革エリートの努力が、地方においていまだ実を結んでいないことです。法律ですら、地方に来れば見るも無惨に無視されています。理由はたった一つです。地方政治も地方行政も本気で男女共同参画に取り組もうとはしてこなかったのです。「お上」が動かなければ、市民もなかなか動かないのです。筆者の関わった役場の中には平成二一年の時点で、いまだに一人の女性課長もいないところがあります。多くの審議会にも女性の代表はいません。女性が半分以上を担っている農業の実態があるにもかかわらず、女性の農業委員さんはほとんど出ていません。行政の取組みが停滞すれば、地方の男女共同参画も停滞するのです。従来、多くの市民活動や運動体の側からは、「お上」の権力は抑圧の原点、「お上」の存在を支えてきた政治は民主化を妨げた悪役、と言わんばかりの評価を受けてきましたが、必ずしもマイナスばかりをもたらしたのではありません。日本の風土は行政主導の政治を選択し続けてきたのです。あらゆる分野で、国民は「お上」の風土を受け入れ、その指示に従うことに慣れているのです。男女共同参画も同じです。

それゆえ、政治家や行政担当者が不勉強であれば、生涯学習と同じく、男女共同参画もまた足踏みをすることになるのです。江戸時代から今日までほとんどすべての改革は上からの改革、「お上」の改革だったのです。日本国家の近代化もすぐれた維新の政治家と行政官の改革だったのです。男女共同参画もまた同じ道をたどったとしてもふしぎではないのです。「お上」の改革には一定の順序があります。まず、人間の進化に敏感な政治家の思想が変わり、次に、国の組織や、国の組織の人間関係が変わり、次に広い地方組織のあり方が変わり、次に人々の生活圏に近い市役所や役場の組織や地方職員のあり方が変わり、最後に、自治会など行政関連組織のあり方と人間関係が変わるのです。酷な言い方になりますが、政治家を始め、上が駄目なら地方の改革は動きません。

私的領域の変化は、当然、最後です。個人の思想や感性の変化・私生活の人間関係の変化は、行政改革のずっとあとになります。先にも書きましたが、多くの学校で過去何十年間、PTAの会長さんは男だけだったりするのです。区長さんも同じです。まつりの総代も、子ども神楽の参加者も、農業委員さんも男だけでした。男女共同参画を目指して懸命に活動している女性にはたいへん失礼ながら、政治や行政を司る組織の中に男女共同参画の重要性を理解する男がいない限り、努力はほとんど報われないのです。民意が社会を変えていくという「ボトムアップ」の理念は、欧米民主主義の基本ではあっても、「お上の風土」の基本ではないのです。

一九七六年、アメリカに生涯学習法（Lifelong Learning Act, 1976）が成立して以来、日本も「生涯教育」の概念を「生涯学習」に代えて、生涯学習の中身と方法は「学習者」が「主体的」に選び取り、「自発的」に取り組むものだという「生涯学習の民主化」ともいうべき「建前」を導入しました。行政は、環境の整備をするだけで中身に関わるな、という論理が日本社会を支配しました。以来、日本の生涯学習は、公益や共益の向上を忘れ、面白いこと、楽しいこと：「パンとサーカス」を追求することに傾きました。民間のカルチャー・センターはその傾向を煽り、廻り回って、公民館のプログラムも公金を使った趣味とお稽古事に集中しました。

地域の教育力が衰退したのも、家庭の教育力が低下したのも、「お上」が「お上」の風土の特性を忘れ、行政職員が国家や共同体に対する使命感を失い、市民の力を過大評価し、地域や家庭の自主性に任せたからです。教育委員会が家庭や地域を突き放した結果、しつけは崩壊し、地域の教育力も一気に衰退しました。今や、「早寝、早起き、朝ご飯」が国の教育スローガンになりました。しつけの崩壊にも、子ども会の衰退にも教育委員会の責任は大きく、学校の責任もまた重いのです。建前は「個の尊重」であり、「市民主導」だったと思いますが、実態は「好きなようにやったらどうですか」ということになったのです。

個人の権利と市民主導を前面に出した結果、政治や行政は個人や利益団体の要求課題の対応に追われるようになりました。民主主義の建前を鵜呑みにして、公益や共益の向上努力を、市民や個人の「自主性」に任せた結果、「お上」の風土は「欲求対応原則」・「要求充足原則」に傾きました。政治や行政が公益と共益を調整する機能と使命感を失ったとき、日本の民主主義は後退するといったら戦後日本に対して酷でしょうか?

近年、市町村合併に端を発して、市民に公民館や市民センターの管理・運営を「丸投げ」する事例が数多く起こっています。現に、社会教育では、多くの公民館や市民センターが瀕死の状況に陥っています。個々の市民に公益や共益の使命感を期待し、私益との調整を図ることまで委任することはまったくの無茶です。

地域に丸投げされた公民館の状況が悲惨なように、民間に丸投げされた男女共同参画もおそらくは悲惨な結果に終わるでしょう。「お上」が関わり、「お上」が変わらなければ、「民主主義」も変わらず、「生涯学習」も変わらず、「男女共同参画」も変わらないといえば、民主主義の自己矛盾に陥るのですが、それが「お上の風土」の特徴であり、実態なのです。本気で男女共同参画を推進しようとするのであれば、国は法律をもって市役所や役場の男女共同参画のあり方を規定しなければならないのです。地方行政が地方の「お上」の原点だからです。一九四五年の「マッカーサーの贈り物」といわれる民主化改革も、占領軍の「お上」が日本の「お上」に与えた上からの改革でした。まさか女性解放運動に関わった方々も、マッカーサーの改革を自分たちがもたらしたものだとは言わないでしょう。

4 役場の停滞

占領政策のお蔭で「参政権の賦与による日本婦人の解放」が行われました。その結果三九名の女性議員が誕生しました。その後、女性の政界進出はまったくの停滞です。木を見て森を見ないと非難されることを恐れずに言えば、すべての原因は地方が変わらないことにあるのです。地方の「お上」が変われば、地方の市民もまた変わるのです。役場が変われば住民もまた「そういうことか」と納得するのです。善くも悪しくも「お上」はモデルであり、役場は地方の生活における言動の「基準」です。筆者が見聞する限り、多くの役場の男性職員は男女共同参画の建前を鼻の先で笑っています。女性職員は縮こまって、研修も昇進も、自分なんかの出る幕ではないと心理的に自己規制しています。地方には「伝統だから」「しきたりだから」「慣習だから」「酒の上のことだから」などの説明が横行しています。各種選挙の立候補者ですら、男たちの話し合いで決めていたところも多いのです。結果的に、女性を「軽く見」、女性は選挙に立たせず、「大事な仕事は女には任せない」のです。確かに、現象的に、男性と比べた場合、その時点では、女性に与えられた任に堪える実力はないかもしれません、しかし、その原因は、男女職員の研修機会の不均衡を調べればすぐにわかることです。大人も子どもも「やったことのないことはできません」。「教えていなければわかるはずはないのです」。仕事を通して「練習をしなければ上手にはならないのです」。要は、役場が、女性に対して教育の三原則を守っていなかっただけのことです。多くの役場に「おばさん」も、「ばばあ」も、「女の子」も、「ブス」も、「女のくせに」も、日常的に存在します。通り一遍のアンケート調査ではわからなくても、現場に関わっていれば段々わかることです。「課長に昇進すると議員との折衝が入ってくるので、女性はますます大変なんですよ」とは市役所の管理職を務める友人の話ですが、意味深長です。

男女共同参画を議論する委員会は各自治体に雨後のタケノコのようにできています。報告書も、提言書も、答申も山ほど積まれるようになりました。中央の専門コンサルタント業者が入って、時に何百万円、時に一千万円を越えるような住民調査を伴った「推進計画書」も次々に作成されています。しかし、その多くが作りっぱなしで店晒しになっていることは、田舎へ行けば周知の事実です。立派に作成された答申も計画書も、当分、実行に移されないことは、行政の担当者も委員会の住民委員も知っています。しかし、実行の可否もタイミングも、最終的には「お上」が決めることですから、知っていてもどうしようもないのです。自分たちが答申したものが尊重されないのに、なぜだまって見ているのか、という非難は「お上」の風土の市民には「酷」なのです。役場も市役所も委員の人選には極めて慎重で、立派な答申書を店晒しにしたとしても抗議が来ないのは百も承知です。議会も飾り物の「提言書」や「行動計画」を「税金の無駄」だとは追及しないのです。

近年では、男女共同参画を推進する条例もでき、男女共同参画宣言都市も生まれています。宣言を出すくらいですから、さぞ積極的な男女対等の改善措置が行われると考えるのが普通でしょうが、当該自治体の変化と成果の実態を調べない限り、「宣言」も、「条例」も信用するわけにはいきません。憲法の男女平等の規定ですら実行しなかったのですから、「宣言」も「条例」も、出されただけで終わることが多いのです。

英語でいうポジティブ・アクションは、日本語では「積極的改善措置」の意味ですが、各種の提言書に抽象的な理念や目的が躍っている反面、達成すべき目標を数字やスケジュールを示して実行している役場や市役所はまさしく例外的でしょう。提言書と推進計画が積まれたからといって、男女共同参画が進んだ証にはならないということです。

議員諸氏と一緒に酒の飲めない（飲みたくない）女性管理職に恐れられる地方議会もまた地方の「お上」の風土を支えていることは自明です。「お上」である役場や議会ですら内部組織の男女共同参画が実現できないのに、「お上」の風土の一般市民がどうして日常の男女共同参画を実現できるでしょうか！　地域の集会では「女はだまっていろ」という発言がまかり通ることは地方に行って実情を聞いてみればすぐわかるはずです。男女共同参画社会基本法は画期的な法律でしたが、その前に「地方行政の男女共同参画に関する法律」を制定する必要があったのではないでしょうか？

14

生き残る女性
――「生きる力」を失わずに、孤立と孤独を回避することはできるか？

高齢者を軟弱化し、最終的に不幸にするのは「安楽余生」のライフスタイルである。安楽な余生こそが、心身の生活習慣病の原因である。結果、医療費と介護費は高騰する。生き残るのは女であるから、女の孤立と孤独も必然である。

調査時から少し時間が経過していますが、日本女性学習財団の「女性と高齢社会」の調査は重要です*。調査結果の多くは予想通りでしたが、予想を実際のデータで確認できたことは誠に貴重なことでした。この調査は〝生き残る女性〟の孤立と孤独な未来を明確に予告しています。本調査のデータから読み解かれたまとめの「小見出し」を並べるだけで、未来の女性が当面する問題の箇条書きを見る思いです。《 》内は調査結果の小見出しの引用です。

*『図説 女性と高齢社会――あなたのライフプランニングのために』「目次」日本女性学習財団、二〇〇二年。

筆者の問題意識と重なるところは以下の諸点でした。

1　独りぼっちの未来——「一人暮らしは男性の三・五倍」

　第一の注目点は《一人暮らしの女性は男性の二・五倍》であるということでした。一人暮らしの高齢者の八割弱が女性であると報告されています。おそらく、「活動」も「社交」も低下するためでしょうが、加齢とともに《孤食が増え》、《おしゃれ心を失い》、《メディア接触が減少し》、《情報機器の利用が不得手》であるという高齢女性像が浮かんできます。高齢社会の中で介護するのは主として女性、生き残るのも女性ですから、独りぼっちになって最後に介護されるのも女性なのです。女性の各種老人ホーム入所の比率は、七割を越えています。一人暮らしが男性の三・五倍という実態は知りませんでしたが、さもありなんと思います。

　女性は平均寿命で男性より約一〇年長命です。「産む性」としての女性には神様が生命力を余分に与えてくれたためなのでしょうか。さらに、男性の多くが自分より若い女性と結婚しているので、平均的に、妻は夫の死後、間違いなく一〇年以上は生き残ることになります。夫に先立たれ、心身ともに老いた後、経済的、社会的、心理的に自立して生きることは、誰が想像しても容易なことではないでしょう。《「健康」、「家族」、「経済」の三つが3Kと呼ばれる不安材料》だといわれ、取り残されて、最後に介護されるのが女性だというのも頷けるというものです。

2　最後まで頼りにされ、最後に自分の頼る人はいない
――「女性は家事労働から引退できない」

　ある参考書で、〝主婦に定年はないのか〟という妻の発言を読みましたが、本調査結果においても、家事は女性の老後につきまとい、女性の自由時間を拘束しています。《無職の中高齢女性も仕事に就きたい》と思っていますが、現実は無給の家事労働を担っています。《女性高齢者はアンペイド・ワークの主たる担当者》ということも予想の通りでした。男女の賃金格差は年齢とともに広がり、《現役時代の生活が年金額に反映して女性に二重の不利》をもたらしているということも想像の通りでした。育児や家事や介護のために女性の労働はしばしば中断され、継続就労が困難であることが背景にあることはいうまでもないでしょう。家事や介護において、最後まで周りに奉仕し、周りからから頼りにされ、最後には核家族化、介護の社会化のゆえに、子どもですら、時に、自分の頼れる存在ではなくなるのでしょう。川柳ですから大目に見ていただかねばなりませんが、まさに「親孝行したくないのに親が生き」の状況が出現しているのです。人生の最後を施設で生きる女性が多いのも予想通りでした。しかも、多くの生き残る女性は、自身の老いに準備不足です。福祉や生涯学習推進行政がばらまいてきた〝安楽余生〟論の幻想に惑わされているのです。心身ともに自己のトレーニングが不足・不十分で、加齢とともに加速度的に活力を失っていくのです。

3 〝安楽余生論〟が世間を支配している――読み、書き、体操、ボランティアの欠落

安楽余生論とは、老後はのんびりして、安楽に暮らそうというメッセージです。行政やメディアが高齢者政策の解説を通して広めました。現在、国中に蔓延している老後の暮らし方の発想です。老人クラブにも、公民館にも、老人いこいの家にも蔓延しています。

メッセージの背景は、〝労働の苦しさ〟と〝老後の楽しみ〟を単純に対比したものです。対比の中身は「他律」に対する「マイペース」「がんばり」に対する「安楽」「目標の追求」に対する「自由な趣味」などです。「ストレス・フリー」「負荷フリー」が老後に推奨される暮らし方の原則です。

そのエッセンスは、長い苦しい労働に堪えて定年までの暮らしをがんばったのだから、せめて老後は楽をして楽しく暮らそうという考え方です。結果的に、高齢者の暮らしは、遊びと趣味と、「パンとサーカス」を気ままに追いかけることになります。

図書館に並んだ参考書に現れる専門家の助言も、「無理をしてはいけません」「目的・目標にこだわる必要はないのです」「スケジュールに囚われてはなりません」「事の成否や勝ち負けは忘れなさい」「号令をかけたりしないで」「マイペースが大事なのです」「好きなことをして、のんびりと生きればいいのです」「腹を立てずに」「心配事は忘れて」「ストレスは禁物です」……と続きます。要は、「悠々自適」が理想的で、「残された時間は、自分の好きなように、楽に、楽しく生きなさい」という具合になります。

安楽余生論は見事に日本の高齢者に浸透しました。上記調査結果の小見出しには、《スポーツ活動への参加が少ない高齢女性》、《学習・研究活動が少ない高齢女性》とあります。当然のことですが、身体的《自立度の低下によって変化する余暇活動》ともあります。衰弱すれば活動どころではないということです。また、日本の高齢者は《国際的にみて低い社会参加活動》と特徴づけられています。要するに、日常に「負荷」をかけないようにと助言を受けてきた日本人の高齢者は、老後の活動には総じて熱心ではないのです。活動は疑いなく〝がんばり〟が必要であり、心身の「負荷」を含まざるを得ず、安楽余生の発想に反するからです。

調査結果は、〝三割社会教育〟と呼ばれ続けてきた筆者が関わる生涯学習や社会教育の現状と一致しています。それゆえ、調査の後半に、《高齢者同士の助け合い》があるとか、《地域を創造する高齢者が存在する》とか、《ボランティア活動を支えているのも高齢者》であるとか、《個人の生き甲斐となっている趣味・社会参加活動》などの記述が出てきますが、これらの小見出しは〝いまだ捨てたものでない〟少数の高齢者を激励するための修辞的な「付けたし」に過ぎません。高齢者の活動は、明らかに前半の調査結果が実態で、後半の説明は例外的な人々への応援のための「美辞麗句」なのです。

本調査の結果からも、女性高齢者の社会活動の実態は、「質量」ともに、ほとんど評価に値しないことは明らかです。まずは、女性高齢者の社会活動の量的貧困こそが問題の核心です。安楽余生論の弊害からみて、事は女性に限りません。日本社会の高齢者は社会活動への参加が極めて貧弱なのです。

換言すれば、福祉分野も、生涯学習も、老後は「安楽に暮らそう」という「安楽余生論」が支配しているのです。為政者は気づいていませんが、心身に「負荷」をかけないことこそが、高齢期の急速な衰弱の最大の原因です。人生八〇年時代、定年後の生涯時間二〇年の時代の安楽余生論は、実質的に〝老衰の進め〟です。したがって、増大する医療費と介護費の最大の原因でもあります。

心身に「負荷」をかけることと無理をすることは別物です。がんばることとがんばり過ぎることが別であるのと同じです。年をとるほど、心身の機能を維持するためのほどほどの負荷は重要です。ほどほどの「負荷」は鍛錬の別名だからです。この国は、子どもには、自分を鍛えろ、将来に備えて勉強しなさいと言ってきましたが、高齢者には、生涯学習ですらも、楽しくて楽な「パンとサーカス」（安楽）しか勧めませんでした。結果的に、高齢者の使わなくなった心身の機能は一気に衰弱し、やがて消滅します。引退後の多くの中高年者が、労働から解放されて一気に安楽な暮らしに埋没するからです。それゆえ、引退後は、頭も使わず、身体も気も使わなくなったのです。これらの機能は、使わなくなった瞬間から、使わないがゆえに急速に衰えるのです。歩かねば、歩けなくなり、読み書きを止めれば、読み書きの能力は一気に下降します。体操を怠れば、身体の節々が固まってしまうことは防止できません。このような現象を医学の分野では「廃用症候群」と呼んでいることを最近知りました。また、社会活動に参加しなければ、高齢女性の人間関係は消滅します。それゆえ、筆者の生涯学習推進施策への提案は、「読み、書き、体操、ボランティア」です*。目的は心身の機能を使い続けることです。活動から遠ざかった大半の高齢者は、心身の機能が急速に衰え、一気に老け込んでいくことが実際なのです。社会的、教育的「負荷」の欠落こそが定年後の高齢者を一気に老衰させるのです。社会活動の貧困こそが、医療費でも、介護費でも、本人の病気や不自由まで、高齢社会の困難を拡大再生産している元兇なのです。

＊拙著『The Active Senior——これからの人生』学文社、二〇〇七年、一二五〜一三七頁。

4　最後の危機

《一人暮らしの女性は男性の三・五倍》で、一人暮らしの高齢者の八割弱が女性です。女性の最大の危機は「ひとりぼっち」の危機です。

そのとき、「あなたがいてよかった」と思える人は周りにいなくなります。「あなたがいてよかった」と言ってくれる人もいなくなります。前者はあなたが「愛する人々」で、あなたの「心の支え」です。後者はあなたを「愛してくれる人々」で、あなたの「存在の喜び」です。両者を合わせて、そこに居る甲斐：「居甲斐」と呼んでいいでしょう。活動から遠ざかる女性は、確実に孤独と孤立の道をたどります。女性が独りぼっちになったとき、「居甲斐」が消滅するのです。生き生きとした日々を支えるためには「生き甲斐」が必要ですが、「生き甲斐」は活動に伴う「やり甲斐」と交流に関わる「居甲斐」から成っています。

人間の情緒的活力はまさにこの二点にかかっているのです。高齢期の気力も当然この二点が支えているのです。なかんずく「孤独」の問題は「居甲斐」に深く関わっているのです。

高齢社会に生き残った者は、友人知人が先立ち、兄弟姉妹が先立ち、配偶者を失い、時に子に先立たれるという逆縁の嘆きを見なければなりません。夫婦は必ずしも「とも白髪」になるまで添い遂げられるとは限りません。仲好しの仲間も同じです。結果的に、寿命のばらつきは生き残る熟年の人間関係の先細りをもたらします。自分が生き残った分だけ周りの親しい人々が先立ち、交流の輪が小さくなってしまうからです。大切な人々に先立たれたとき、われわれは愛する人の「心の支え」を失い、自分を愛してくれた人々から得られた「存在の喜び」を失います。それゆえ、生き残ることは、多くの熟年の「孤立」と「孤独」を意味することになるのです。人間関係の輪が小さくなるということは淋しさや不安をもたらし、人々の情緒、感情の拠り所を「貧困化」させるのです。「孤立」も「孤独」も自分の「居甲斐」を実感させてくれた人々を失うことの結果だからです。

高齢期こそ生涯学習の役割は社交の創造と人間関係の社会的「補充」に努めなければなりません。高齢期になると「血縁」「地縁」「職業（結社）の縁」など従来の人間関係を形成してきた伝統的な「縁」はほとんどその効力を失います。

「血縁」を支えてきた家族も親戚も皆老いていきます。家族の核家族化に加えて現代では子どもの親元就職も極めて難しくなりました。「スープの冷めない距離」に住むことすら難しくなるということです。

地域社会で一緒に過ごすことの多かった「地縁」の方々も同じように老いていきます。あわせて急激な生活スタイルの都市化は従来の共同体的人間関係を衰退させました。定年後一〇年もすれば、「職場の縁」も薄くなる一方でしょう。日本には欧米社会のように教会などを核とした日常の宗教活動が希薄です。それゆえ、伝統的な縁に代わる「新しい縁」が他の国々以上に重要になるのです。「新しい縁」とは「活動の縁」です。その中身は、「生涯学習の縁」で、「同学の縁」や「ボランティアの縁」や「同好の縁」などで構成されます。これらの縁は、活動する志を同じくする人々の縁ということで「志縁」とも呼ばれています。「志縁」こそが、老後の人間交流を支える新しい縁：「生涯学習の縁」なのです。しかし、新しい縁の前提は「活動」に参加することです。女性の高齢期はその参加率が著しく低下すると調査結果は言っているのです。当然、新しい縁には巡り逢うことはできないということです。孤立と孤独は最後の危機です。危機を回避するためには、老いぼれる前に社会との絆を取り戻し、「読み、書き、体操、ボランティア」を日常化することです。そのためにも高齢社会に対処する政治や行政は、高齢者の社会とのかかわり、社会への貢献を鼓舞奨励する〝ボランティア振興法〟や〝ボランティア推進条例〟の制定が必要なのです。

調査結果に現れた女性高齢者の現状が続けば、「生きる力」を失わずに、孤立と孤独を回避することはできない、ということが結論です。

あとがき

勉強の途中で鹿野政直氏の『現代日本女性史』（有斐閣、二〇〇四年）を拝読しました。女性解放に貢献した先人の努力も、フェミニズムが展開してきた流れも、数々のすぐれた女性の生き方についても多くを教えられました。まさにアカデミズムの勉強の仕方のモデルを見る思いでした。しかし、同時に、このような学問の成果を紹介するだけでは、地方の社会教育のみなさんには聞いていただけないという実感を強く持ちました。「まえがき」に記したように、施策の解説やアカデミズムの研究成果の受け売りをやっても、現場の共感は得られないのです。社会教育の現場は、学校教育のように〝囚われた学習者（Captive Learner）〟は存在せず、教師よりも学習者が主体です。自由な学習者は、自分の問題意識に対応し、自分が感覚的に納得しないものは受け付けません。〝研究の結果はこうです〟といっても、〝なに言ってやがんだ〟といわれれば、その先には行けません。あらためて、問題提起も解釈も解説も自分流でいくしかないと覚悟を決めた次第です。本書に集録したものは、地方の勉強会でいろいろ試した中で、聴衆に滲みていったという実感のあるものを取り出して、まとめました。実感の確認は講演や講義の後に、〝印象に残った言葉がありましたら、理由を添えてお書き下さい〟というようなアンケート評価票をお願いしています。提案の方法は最初に結論を言い、理由を説明し、最後に再び啖呵を切るように結論を言います。提案が受け入れられれば、〝印象に残った言葉一覧〟の中に結論が繰り返されて出てきます。さらに聴衆と担当者が結論と理由付けを評価してくだされば、次の「お招き」があるのでさらに嬉しい確認ができます。

本書の構成は、聴衆に受け入れられた主な結論を各章節の主題にしました。舌足らずになりますが、箇条書きにすると次のようになります。

◇何万年にもわたって生産と戦争を男の筋肉に頼った以上、男の支配体制は必然であった。支配体制は「筋肉文化」と総称することができる。

◇男女共同参画（Gender Equality）の意識と運動は、生産と戦争の機械化・自動化の結果、男女の筋肉差が極小になったところから始まった。

◇あらゆる性別役割分業は「筋肉文化」が創り出したものであり、「男の勝手」と「男の都合」が歴史を貫徹している。それが現状の「らしさ」であり、ジェンダー・バイアスである。

◇現状のジェンダー・バイアス・フリーを実現しても、男女の違いが存在する限り、新しいジェンダーが生まれる。

◇過去の「らしさ」を全否定するだけでは、新しい未来は生まれない。新しい「らしさ」の摸索を男女共同参画の〝後戻り（バックラッシュ）〟と勘違いしてはならない。

◇男の支配体制が続いた中で、女の上位に坐り、居心地のよい地位を占めた男は、その既得権のゆえに「変わりたくない」。男女共同参画に目覚めた女はすでに「変わってしまった」。あらゆる領域で両者の衝突は避けられない。

◇家事は「些細なこと」である。しかし、男女共同参画が私生活に導入できるか否かはその「些細な」家事の分担にかかっている。家事の一つは些細なことでも、積み重なり連続すれば、「重大事」になり、やがて「奉仕する側」と「奉仕される側」に分かれる。

◇文化の変革には「タイムラグ」が生じる。筋肉文化も同様で、男女共同参画の理念に照らして、言葉や道徳や法の修正が遅れている。

◇農山漁村文化は筋肉文化の凝縮である。結果的に、農山漁村文化は女性を対等に扱わない。それゆえ、多くの農業後継者にお嫁さんは来ない。したがって、現状の農業は早晩崩壊する。理由は農山漁村を仕切ってきた男性ボスたちが男女共同参画をまったく理解せず、女性蔑視のしきたりと伝統を変革する展望を持たないからである。

◇「変わりたくない男」を育てたのは「母」である。やがて自分が育てた男が女としての母を支配し、妻を支配し、女の自由と対立する。それが「母のジレンマ」である。

◇嫁と姑の対立の原因は「所有の子育て」にある。嫁は終生、母の息子に対する「所有」を脅かす侵略者である。両者の対立は「家制度を支える思想」と「子宝の風土の子育て慣習」が生み出した宿命である。

◇男女共同参画社会基本法の時代が来ても、多くの女性はいまだにものを言わず、ものを言えない。女性の沈黙の背後には文化の掟があるからである。「秘すれば花、秘せずば花なるべからず」は日本の表現文化を支配した原理である。控えめは美しく、直接的な自己主張は美しくない。「言わぬが花」で、「聞かずもがな」である。なかんずく、世間に「ことあげする」女は疎まれる。文化を変えるのは容易ではない。

◇ＤＶは傷害罪である。ＤＶに沈黙しているメディアは男たちが仕切っているからである。ＤＶを傷害罪にしないのは筋肉文化の最悪の偏見である。

◇家事と育児と介護のアウトソーシングは男女共同参画の基本条件である。家庭機能のアウトソーシングは〝冷たい〟といわれるが、真の問題はアウトソーシングの「徹底」が不十分であることに尽きる。

◇戦後教育は育児にも教育にも失敗している。子どもは「へなへなの半人前」で、家族の「後顧の憂い」である。女性の社会参画が進まず、少子化が止まらない重要な理由の一つである。

◇子育て支援事業の中身と方法が間違っている。原因は政治と役所の男たちが「養育の社会化」の重要性を理解せず、保育と教育の統合を実行できないからである。結果的に、子どもはへなへななのままで、女性は社会参画ができず、少子化は止まらず、福祉のサイクルは崩壊する。

◇地方における「お上」の風土は健在である。「お上」の風土は相変わらず男が仕切っている。役場から変えなければ地方の男女共同参画は進展しない。

◇高齢者を軟弱化し、最終的に不幸にするのは「安楽余生」のライフスタイルである。安楽な余生こそが心身の生活習慣病の原因である。結果、医療費と介護費は高騰する。生き残るのは女であるから、女の孤立と孤独も必然である。

最初の原稿は筆者が編集を務める月刊生涯学習通信「風の便り」と、九州、中国地方で行ってきた「生涯学習実践研究フォーラム」に提出したものです。一冊の本にまとめるにあたって、それぞれの課題に関係があると思った参考書を通読し、事実や背景については最小限の必要な補筆修正を行いました。参考書の大方のものは門外漢にとってあらためて退屈でした。執筆と編集は、やはり、聴衆の受け入れ感覚と自分の実感の通りにやろうと決めました。先行研究者や実践運動家には〝叱られるだろうな〟と思うところもいっぱいありますが、覚悟の上で書きました。〝ノート〟という副題を付けたのは勉強の途中ですという言い訳です。

今回の出版もまた、学文社の三原多津夫氏のご理解とご支援によって可能になりました。学文社が赤字を出さなくてすむよう、今後一層、現場感覚を磨き、研究に精進することをお約束してお礼に代えたいと思います。イチロー選手が異郷にあって二〇〇本安打を打ち続けている間は、老境に入った筆者も一年に一冊の執筆を心掛け、現場に入って社会教育の担当者と語り、聴衆の中に入って、生涯学習の課題を掘り起こし続けたいと願っております。

二〇〇九年二月一五日

三浦清一郎

《著者紹介》

三浦　清一郎（みうら　せいいちろう）

米国西ヴァージニア大学助教授，国立社会教育研修所，文部省を経て福岡教育大学教授。この間フルブライト交換教授としてシラキューズ大学，北カロライナ州立大学客員教授。平成３年福原学園常務理事，九州女子大学・九州共立大学副学長。平成12年三浦清一郎事務所を設立。生涯学習・社会システム研究者として自治体・学校などの顧問を勤めるかたわら生涯学習通信：月刊「風の便り」編集長として教育・社会評論を展開している（http://www.anotherway.jp/tayori/）。著書に『成人の発達と生涯学習』（ぎょうせい），『比較生涯教育』（全日本社会教育連合会），『生涯学習とコミュニティ戦略』Ⅰ及びⅡ（全日本社会教育連合会），『現代教育の忘れもの』（学文社），『市民の参画と地域活力の創造』（同），『子育て支援の方法と少年教育の原点』（同），『The Active Senior――これからの人生』（同），『しつけの回復　教えることの復権』（同）などがある。中国・四国・九州地区生涯学習実践研究交流会実行委員。

「変わってしまった女」と「変わりたくない男」
――男女共同参画ノート

2009年４月20日　第１版第１刷発行
2016年２月25日　第１版第２刷発行

著　者　三浦　清一郎

発行者　田　中　千津子
発行所　株式会社　学　文　社

〒153-0064　東京都目黒区下目黒3-6-1
電話　03（3715）1501　㈹
FAX　03（3715）2012
http://www.gakubunsha.com

印刷／シナノ印刷
製本／島崎製本

ISBN 978-4-7620-1949-4